Reclams Städteführer Berlin

Reclams Städteführer · Architektur und Kunst

Berlin

Von Elisabeth Wünsche-Werdehausen

Reclam

RECLAMS UNIVERSAL-BIBLIOTHEK Nr. 14342
2019, 2024 Philipp Reclam jun. Verlag GmbH,
Siemensstraße 32, 71254 Ditzingen
Aktualisierte Ausgabe 2024
Umschlagabbildung: Blick auf die Alte Nationalgalerie –
© agefotostock / Alamy Stock Photo
Hintere Umschlagklappe: oben: Gendarmenmarkt mit ehemaligem Schauspielhaus und Französischem Dom – akg-images / Erik Bohr; unten: Neubau des Axel-Springer-Verlagsgebäudes in Kreuzberg –
© imageBROKER / Alamy Stock Foto
Druck und Bindung: Esser printSolutions GmbH,
Untere Sonnenstraße 5, 84030 Ergolding
Printed in Germany 2024
RECLAM, UNIVERSAL-BIBLIOTHEK und
RECLAMS UNIVERSAL-BIBLIOTHEK sind eingetragene Marken der Philipp Reclam jun. GmbH & Co. KG, Stuttgart
ISBN 978-3-15-014342-1
www.reclam.de

Inhalt

Anhang

Berlin – die alte neue Hauptstadt

Berlin ist »eine neue Stadt, die neueste, die ich je gesehen habe ... Die Hauptmasse der Stadt macht den Eindruck, als sei sie vorige Woche erbaut worden«. Diese Worte des amerikanischen Schriftstellers Mark Twain von 1891/92 haben bis heute nichts an Aktualität eingebüßt – im Gegenteil. Berlin erscheint neuer denn je. Da im Zweiten Weltkrieg große Teile zerstört wurden und anschließend vieles dem Abriss zum Opfer fiel, vor allem in der DDR, sind nach dem Fall der Mauer 1989 weite Bereiche des historischen Zentrums neu entstanden – auch wenn man einige Gebäude, wie zum Beispiel das Schloss, in historischer Gestalt rekonstruiert hat. Kaum eine andere Stadt spiegelt die historischen Brüche, Tragödien und Neuanfänge der Geschichte Deutschlands im 20. Jh. besser wider als Berlin. Die Ursprünge der Stadt reichen zwar weiter zurück, waren allerdings im Vergleich zu anderen europäischen Metropolen, wie Köln und Paris, eher bescheiden. Bereits in diesen früheren Zeiten hat sich Berlin mehrfach stark verändert und immer wieder erneuert.

Das heutige Berlin ging aus der kleinen Doppelsiedlung Cölln-Berlin hervor, die deutsche Kaufleute im 12. Jh. im damals noch vorwiegend slawisch besiedelten Osten beiderseits der Spree gründeten. Die Keimzelle von Cölln lag auf der Flussinsel nahe der heutigen Gertraudenstraße, während Berlin am nordöstlichen Ufer der Spree in der Gegend des heutigen Nikolaiviertels seinen Anfang nahm. Dank der günstigen Lage an wichtigen Fernstraßen stieg die Doppelstadt alsbald zu einem wichtigen Handelsplatz auf. Auch die Markgrafen aus dem Haus der Askanier, die seit 1150 in Brandenburg herrschten, förderten diese Entwicklung. 1307 schlossen sich beide Städte zusammen und errichteten ein gemeinsames Rathaus. Nur wenige architektonische Zeugnisse aus der mittelalterlichen Frühzeit haben sich erhalten: Neben der Franziskanerkirche bestehen heute im ältesten Siedlungskern Berlins noch die Nikolaikirche und die Marienkirche, während die Petrikirche am Cöllner Petriplatz zerstört ist.

Als 1320 der letzte askanische Herzog starb, begannen unruhige Zeiten, da die rivalisierenden Herrscherhäuser der Luxemburger und Wittelsbacher um die Macht in Brandenburg stritten. Diese Kämpfe hatten erst ein Ende, als der deutsche König Sigismund 1415 Friedrich von Hohenzollern zum Kurfürsten von Brandenburg ernannte. Das war der Beginn der 500-jährigen Hohenzollernherrschaft – auf Kosten der alten städtischen Freiheiten. Trotz heftiger Proteste der Bürger (»Berliner Unwillen«) baute sich Kurfürst Friedrich II. »Eisenzahn« ab 1443 auf der Spreeinsel eine Burg: der Kern des späteren Schlosses. Damit wurde Berlin, wie man den Ort mittlerweile nannte, kurfürstliche Residenzstadt und Regierungssitz des Herrschers. 1539 traten Kurfürst Joachim II. und seine Untertanen zum protestantischen Glauben über. 1618 wurde das brandenburgische Kurfürstentum um das weit im Osten liegende Preußen erweitert, das bald dem gesamten Herrschaftsbereich der Hohenzollern seinen Namen gab. Friedrich Wilhelm, machtbewusst und ab 1640 der »Große Kurfürst« genannt, machte sich um den Ausbau Berlins zur barocken Metropole verdient. Er ließ 1658–83 einen modernen Befestigungsring bauen, den Stadtkern um mehrere Vorstädte, darunter die Dorotheen- und Friedrichstadt, erweitern und den Lustgarten vor dem Schloss und die Lindenallee anlegen. Mit dem Toleranzedikt von 1688 ermöglichte er den in Frankreich verfolgten evangelisch-reformierten Hugenotten die Zuwanderung.

Unter Friedrich III. wurde Berlin königlich preußische Haupt- und Residenzstadt: 1701 gelang es dem Kurfürsten, in den Rang eines Königs aufzusteigen. Der höhere politische

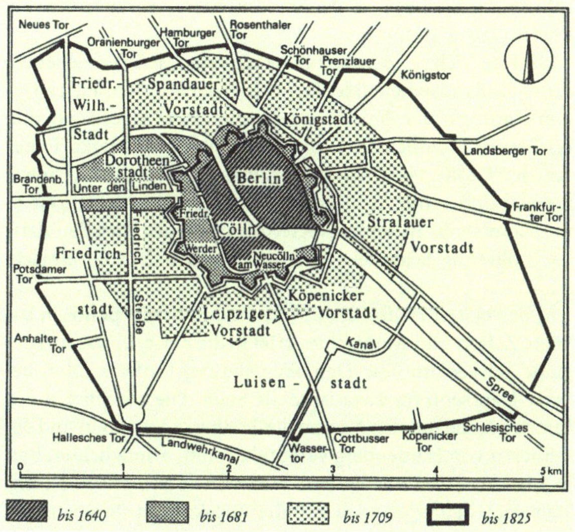

Stadtentwicklung bis Anfang des 19. Jh.s

Anspruch manifestierte sich in aufwendigen Bau- und Kunstwerken, die dank der Berufung hochkarätiger auswärtiger Künstler wie Andreas Schlüter erstmals europäisches Niveau erreichten. Das Zeughaus, der prachtvolle Ausbau des Schlosses, Schloss Charlottenburg, das Reiterdenkmal des Großen Kurfürsten, eine aufwendige Hofhaltung und adelige Palais verwandelten Berlin in eine repräsentative barocke Metropole. Dieser Luxus hatte seinen Preis: Der König hinterließ einen großen Schuldenberg. Sein Sohn, der »Soldatenkönig« Friedrich Wilhelm I., fuhr daher auf kulturellem Gebiet einen strengen Sparkurs, gab aber Unsummen für den Ausbau des

Militärs aus und legte in der Stadt mehrere Exerzierplätze an, etwa im Lustgarten.

Mit Friedrich II. »dem Großen« regierte 1740–86 wieder ein kunst- und musikliebender Herrscher, der Preußen auch zu einem Zentrum der Aufklärung machte. Berlin verdankt ihm das Forum Fridericianum und den Gendarmenmarkt. Friedrich der Große bevorzugte allerdings Potsdam als Residenz und war dort somit als Mäzen weit aktiver als in der ungeliebten Hauptstadt. In seiner Regierungszeit stieg Preußen dank der Eroberung Schlesiens zu einer europäischen Großmacht auf.

In der ersten Hälfte des 19. Jh.s erlebte Berlin politisch bewegte Zeiten – die Monarchie geriet in die Krise, da das aufstrebende Bürgertum eine Demokratisierung forderte. 1806 besetzte Napoleon für zwei Jahre die Stadt. Die anschließenden Reformen, die mit den Namen des Freiherrn von Stein und des Freiherrn von Hardenberg verbunden sind, ermöglichten Berlin für kurze Zeit wieder eine kommunale Selbstverwaltung. Aber nach den erfolgreichen Befreiungskriegen 1813–15 gegen Napoleon erfüllten sich die Hoffnungen auf einen demokratischen Wandel nicht. Nach der gescheiterten Märzrevolution von 1848, die in Berlin in blutigen Auseinandersetzungen zwischen Militär und Bevölkerung eskalierte, siegten wieder die konservativ-monarchischen Kräfte, und das Bürgertum zog sich ins ›biedermeierliche‹ Privatleben zurück. Wirtschaftlich und kulturell wandelte sich Berlin damals von einer höfisch geprägten Residenzstadt zu einer bürgerlichen Industrie- und Kunstmetropole. Architektur, Malerei, Bildhauerei, Kunstgewerbe, Theater, Oper und Wissenschaft erlebten eine bis dahin unerreichte Blüte. Das unter König Friedrich Wilhelm II. 1788–91 erbaute Brandenburger Tor leitete die Epoche des Klassizismus ein. In der Regierungszeit des kunstliebenden Königs Friedrich Wilhelm III. verlieh Karl Friedrich Schinkel, der bedeutendste Architekt des 19. Jh.s in Deutschland, mit seinen neuartigen Bauwerken dem Stadtzentrum ein neues Gesicht: Ab 1815 entstanden hier Neue Wache, Schauspielhaus, Friedrichswerdersche Kirche, Altes Museum, Schlossbrücke, Dom und Bauakademie – Bauten, die stilbildend für die Architektur der nachfolgenden Generation, der sogenannten Schinkelschule, wurden. Auch die Werke der Berliner Bildhauer, insbesondere die Skulpturen von Johann Gottfried Schadow und Christian Daniel Rauch, sowie die Malerei der Romantik – hier sind vor allem die Landschaftsbilder von Caspar David Friedrich, Carl Blechen und Karl Friedrich Schinkel zu nennen – gehören zu den Höhepunkten nicht nur der Berliner Kunst. Mit dem 1843 von Friedrich Wilhelm IV. begonnenen Großprojekt der Museumsinsel begann ein weltweit bedeutendes Kapitel der Museums- und Sammlungsgeschichte.

Seit dem frühen 19. Jh. machte sich Berlin auch als Standort der Eisenbahn- und Schwerindustrie einen Namen. 1838 fuhr die erste Eisenbahn von Berlin nach Potsdam. Die fortschreitende Industrialisierung brachte zwar einen großen wirtschaftlichen Aufschwung, aber der explosionsartige Bevölkerungszuwachs, der die Stadt in rasantem Tempo über die Grenzen der alten Zollmauer hinauswachsen ließ, blieb nicht ohne soziale Folgen. Denn der Wohnungsbau konnte mit der Entwicklung nicht Schritt halten. Waren es 1840 noch 30 000 Einwohner, so lebten 1860 bereits 600 000 Menschen hier und 1900 sogar 2,7 Millionen. Stadtbaurat James Hobrecht entwickelte 1862 den Bebauungsplan für den Großraum Berlin, der neben Kanalisation und Wasserversorgung eine geschlossene Bebauung zur Straßenseite vorgab und bis zu sechs enge, lichtarme Hinterhöfe ermöglichte, in denen dicht gedrängt viel zu viele Menschen unter hygienisch katastrophalen Verhältnissen lebten. Diese Elendsquartiere trugen Berlin den berüchtigten Ruf der »größten Mietskasernenstadt der Welt« ein. Gleichwohl verliehen die schmucken Vorderhäuser der Stadt das bis heute typische Gesicht – vor allem in den ›besseren‹ Vierteln, die im späten 19. Jh. im neuen Westen für das gehobene Bürgertum aus dem Boden wuchsen, mit dem Kurfürstendamm als repräsentativer Hauptachse. Hinzu kamen die Villenviertel an den vielen Seen.

Nach dem siegreichen Krieg gegen Frankreich wurde 1871 das Deutsche Reich gegründet, mit Wilhelm I. als erstem Kaiser. Unter Kaiser Wilhelm II., der ab 1888 für 30 Jahre traditions- und selbstbewusst regierte, führten prunkvolle Bauten im Stil des Historismus wie der Reichstag, der neue Dom und die Kaiser-Wilhelm-Gedächtniskirche Berlins Status als kaiserliche Hauptstadt des gesamtdeutschen Reichs vor Augen. Mit der Hoch- und Untergrundbahn und der Ringbahn standen seit dem späten 19. Jh. neue Massentransportmittel zur Verfügung. Als wichtiger Wirtschaftszweig etablierte sich die Elektroindustrie – die hier gegründeten Unternehmen Siemens und die Allgemeine Elektricitätsgesellschaft (AEG) stehen beispielhaft für diese Entwicklung. Für die neuen Industriebauten fand Peter Behrens einen zukunftsweisenden, modernen Architekturstil, wie Adolf Menzel und Impressionisten wie Max Liebermann auf dem Gebiet der Malerei.

Mit dem Ende des Ersten Weltkriegs, der dem historischen Stadtbild kaum Schäden zugefügt hatte, ging 1918 auch die 500-jährige Hohenzollernherrschaft zu Ende. Kaiser Wilhelm II. dankte ab und ging ins Exil. Im November wurde die Republik ausgerufen. Auch wenn die Weimarer Republik politisch instabil und krisengeschüttelt war, ging die Zeit nach dem Krieg als »Golden Twenties« in die Geschichte ein. Berlin wurde zu einer kosmopolitischen, avantgardistischen Weltstadt, die den Vergleich mit London und Paris nicht zu scheuen brauchte und sich gelegentlich den Ruf des ›Verruchten‹ eintrug. Nach den Eingemeindungen der umliegenden Städte und Gemeinden zu »Groß-Berlin« 1920 war eine der flächenmäßig größten Städte und mit 3,8 Millionen Einwohnern nach New York und London die bevölkerungsreichste Metropole der Welt entstanden. Zugleich war Berlin ein internationales Zentrum der modernen Kunst und Architektur. Zahlreiche Architekten, Maler, Bildhauer, Publizisten, Theater- und Filmemacher, Musiker und Schauspieler wirkten hier. Die Kunst der Dada-Bewegung und die Malerei des Expressionismus und der Neuen Sachlichkeit waren hier zu Hause. Mit Stadtbaurat Martin Wagner und Architekten wie Peter Behrens, Bruno und Max Taut, Hans Poelzig, Walter Gropius, Erich Mendelsohn und Hans Scharoun erlangte Berlin auf dem Gebiet der modernen Architektur und des Städtebaus Weltgeltung. Die Architekten des Neuen Bauens propagierten anstelle des pompösen historistischen Stils des Kaiserreichs eine klare funktionsgerechte Bauweise ohne traditionelle Fassadendekoration, vorzugsweise aus den modernen Materialien Beton, Stahl und Glas. Vor allem für den Wohn- und Siedlungsbau wurden neue, zukunftsweisende Lösungen gefunden, die breiten Bevölkerungsmassen ein gesundes und menschenfreundliches Leben ermöglichten. Zu den herausragenden Beispielen des sozialen Wohnungsbaus zählen die Gartensiedlung Onkel Toms Hütte sowie sechs weitere Siedlungen der Berliner Moderne, die seit 2008 auf der Liste des Weltkulturerbes der UNESCO stehen: die Gartenstadt Falkenberg, die Siedlung Schillerpark, die Hufeisensiedlung Britz, die Wohnstadt Carl Legien, die Weiße Stadt und die Ringsiedlung Siemensstadt.

Nach der »Machtergreifung« Adolf Hitlers 1933 verlor Berlin schnell seine Führungsrolle als Mekka der modernen Kunst, die nun als »entartet« verfemt war. Viele Architekten, so etwa Walter Gropius, wanderten in die USA aus und vermittelten dort den Stil des Neuen Bauens. Nach dem Reichstagsbrand im Februar 1933 entmachteten die Nationalsozialisten die Berliner Stadtregierung und begannen, politisch Andersdenkende und jüdische Bürger systematisch zu verfolgen. In der »Reichskristallnacht« vom 9./10. November 1938 wurden zahlreiche jüdische Geschäfte und fast alle Synagogen zerstört. Auf der Wannseekonferenz im Januar 1942 beschloss die NS-Führungsspitze die sogenannte »Endlösung der Judenfrage«. Allein in Berlin wurden fast 70 000 jüdische Bürger deportiert und ermordet. Die Olympischen Sommerspiele 1936 auf dem neu errichteten Reichssportfeld nutzte das Regime zur öffentlichen Selbstdarstellung. Neben den neoklassizistischen Monumentalbauten von Reichsluftfahrtministerium, Reichsbank, Flughafen Tempelhof und Neuer Reichskanzlei waren es vor allem die gigantomanischen Pläne von Albert Speer von 1937 zum Ausbau Berlins zur »Reichshauptstadt Germania«, die der Stadt ein völlig neues Gesicht im nationalsozialistischen Geist verschaffen sollten – hätte der Ausbruch des Zweiten Weltkriegs 1939 nicht die Realisierung verhindert.

Nach Kriegsende glichen vor allem das Stadtzentrum und der Bezirk Tiergarten einer Trümmerwüste, während viele Außenbezirke nur geringe Schäden davontrugen. Insgesamt wurde Berlin weniger durch Bomben zerstört als gemeinhin angenommen. Viele Bauten waren zwar beschädigt, fielen aber erst später der Abrissbirne zum Opfer, vor allem im Ostteil der Stadt. Vom Beginn des Krieges bis zur Kapitulation Deutschlands am 8. Mai 1945 fiel die Einwohnerzahl von 4,3 auf 2 Millionen. Auf der Potsdamer Konferenz im Sommer 1945 beschlossen die Siegermächte Sowjetunion, USA, Großbritannien und Frankreich die Aufteilung der Stadt in vier Sektoren. Mit der Blockade der von den Westmächten kontrollierten Sektoren 1948/49 versuchte die Sowjetunion, ihre Macht auf die gesamte Stadt auszudehnen. Die USA vereitelten diesen Plan mit der Luftbrücke: Die »Rosinenbomber«, die in Tempelhof landeten, versorgten die West-Berliner Bevölkerung mit Lebensmitteln und Heizmaterial. 1949 wurden die Bundesrepublik

Deutschland mit Bonn als Hauptstadt und die Deutsche Demokratische Republik mit Ost-Berlin als Hauptstadt gegründet. West-Berlin stand bis 1989 unter dem Schutz der alliierten Westmächte und fristete ein von der Bundesrepublik subventioniertes Insel-Dasein, mit Sitz des Bürgermeisters im Rathaus von Schöneberg. Da nach dem blutig niedergeschlagenen Aufstand vom 17. Juni 1953 in Ost-Berlin Millionen Menschen in den Westen flohen, errichtete die DDR am 13. August 1961 die Mauer, die quer durch Berlin eine breite Schneise schlug und die Stadt bis 1989 in zwei Hälften teilte. Erst das Viermächteabkommen von 1972 ermöglichte den freien Transitverkehr zwischen der Bundesrepublik und West-Berlin.

Der Wiederaufbau ab 1950 verlief in beiden Stadthälften in getrennten Bahnen – die Konkurrenz der politischen Systeme kam auch in Architektur und Städtebau zum Ausdruck. Die DDR-Regierung stellte zwar einige historisch bedeutende Bauten im alten Zentrum, wie das Zeughaus und die Staatsoper, wieder her, sprengte 1950 aber aus ideologischen Gründen das kriegsbeschädigte Schloss und räumte die historische Altstadt um Marien- und Nikolaikirche und auf der Fischerinsel ab, um große Freiräume für Massenaufmärsche zu schaffen oder Hochhäuser in Plattenbauweise zu errichten. Zum Inbegriff der »sozialistischen Umgestaltung der Hauptstadt der DDR« nach Plänen des Architekten Hermann Henselmann wurde die 1952 im neoklassizistischen ›Zuckerbäckerstil‹ begonnene Stalinallee, später Karl-Marx-Allee, nach dem Vorbild stalinistischer Bauten der Sowjetunion. Erst ab den 1960er Jahren fand der moderne Architekturstil Eingang in die DDR. Das programmatische Gegenstück der West-Berliner Baupolitik zum Osten war der Wiederaufbau des kriegszerstörten Hansaviertels im Rahmen der Internationalen Bauausstellung (IBA) 1957: Die locker gruppierten Einzelbauten im Stil der internationalen Moderne galten als Ausdruck demokratischer Grundwerte der freien westlichen Welt. Auch das Kulturforum nach einem Gesamtplan von Hans Scharoun von 1958, die Großsiedlungen Gropiusstadt und das Märkische Viertel sowie die Bebauung der City West zwischen Bahnhof Zoo und Kurfürstendamm – dem neuen Zentrum West-Berlins – folgten diesen Kriterien. Ab den 1960er Jahren näherten sich die Architekturauffassungen der beiden Stadthälften einander an.

Am 9. November 1989 fiel überraschend die Mauer. Unter dem Druck der wachsenden Bürgerproteste löste die DDR sich auf und trat am 3. Oktober 1990 offiziell der Bundesrepublik bei. Mit der Wiedervereinigung Deutschlands war die Teilung Berlins beendet. Der entscheidende Schritt für die Zukunft der Stadt war der Entschluss des Bundestages vom 11. Juni 1991, die Hauptstadt von Bonn nach Berlin zu verlegen. Nun stand man vor der einzigartigen Aufgabe, die beiden Stadthälften samt Infrastruktur wieder zusammenzuführen und die benötigten Gebäude für Regierung, Ministerien, Parteien, Verbände, Industrieunternehmen und Fernsehanstalten zu errichten. Im historischen Zentrum von Berlin-Mitte lagen große Freiflächen brach, vor allem entlang des Mauerstreifens mit den Grenzanlagen – eine einmalige Chance für Stadtplaner, Architekten und Investoren. Berlin wurde in den 1990er Jahren zur größten Baustelle Europas. Unter dem einflussreichen, aber auch umstrittenen Senatsbaudirektor Hans Stimmann folgten die meisten Baumaßnahmen den Grundsätzen der »Kritischen Rekonstruktion«, die der Architekt Josef Paul Kleihues bereits anlässlich der IBA 1987 empfohlen hatte: eine behutsame Stadterneuerung, deren Straßenführung und geschlossene Blockrandbebauung sich mit den alten Fluchtlinien und einer maximalen Traufhöhe am traditionellen Stadtbild Berlins orientiert, ohne die historischen Bauformen im Detail zu kopieren. Viele international renommierte Architekten liefen Sturm gegen diese Vorgaben, die sie als rückwärtsgewandt geißelten – sie bevorzugten spektakuläre, freistehende Einzelbauten. Die Debatte entlud sich vor allem angesichts der Projekte für den Pariser Platz und den Potsdamer Platz, deren Neubebauung als geradezu symbolhaft für das neue, wiedervereinigte Berlin gesehen wurde. Ein neues Regierungsviertel entstand im Spreebogen nahe dem alten Reichstag, den Stararchitekt Norman Foster zum Sitz des Bundestages ausbaute. Dank einer umfassenden Sanierung des Prachtboulevards Unter den Linden und der Museumsinsel, heute Weltkulturerbe der UNESCO, und der Rekonstruktion des Schlosses sind die Spuren des Krieges und der DDR-Zeit weitgehend getilgt. Die Mauer ist längst abgetragen, ihr Verlauf ist nur noch an Markierungen im Straßenpflaster erkennbar. Die beiden Stadthälften sind allmählich zusammengewachsen, die noch immer vorhandenen Unterschiede gehen schon auf die Zeit vor 1945 zurück. Berlin gehört wieder neben London und Paris zu den meistbesuchten Städten Europas.

Eine der jüngsten großen Baumaßnahmen, die Replik des Schlosses, das 2021 als Humboldt Forum eröffnet wurde, stößt in architektonischen Fachkreisen nach wie vor auf Ablehnung, war aber ein ausdrücklicher Wunsch der Politik und passt in die derzeitige Tendenz zur historischen Rekonstruktion: Diese neue Vorliebe lässt sich auch an den aktuellen Berliner Plänen zum Rückbau der alten Stadtstruktur am Petriplatz und am Molkenmarkt sowie an Projekten in anderen Städten, wie Dresden und Frankfurt, beobachten. Zugleich macht Berlin wieder mit aufsehenerregenden modernen Einzelwerken wie dem Museum der Moderne »berlin modern«, dem Axel-Springer-Neubau oder dem Freiheits- und Einheitsdenkmal von sich reden.

Berlin-Bezirke

Stadtgeschichte in Daten

Ab 1150	Albrecht der Bär aus dem Haus der Askanier regiert als erster Markgraf in Brandenburg.
1197/1209	erste urkundliche Erwähnung von Spandau bzw. Köpenick
1237	erste urkundliche Erwähnung von Cölln
1244	erste urkundliche Erwähnung von Berlin
1307	Zusammenschluss von Cölln und Berlin mit gemeinsamem Rathaus: Die Doppelstadt entwickelt sich zu einem Fernhandelszentrum.
1320	Ende der Herrschaft der Askanier
1323–1411	Herrschaft der Wittelsbacher und der Luxemburger in der Mark Brandenburg
1356	Die Mark Brandenburg wird Kurfürstentum.
1376, 1380	große Stadtbrände
1415	Beginn der Herrschaft der Hohenzollern über das Kurfürstentum Brandenburg
1443	Beginn des Baus des Schlosses unter Kurfürst Friedrich II. »Eisenzahn«
1448	Verlust der städtischen Autonomie nach der Niederschlagung eines Aufstandes gegen den Kurfürsten (»Berliner Unwillen«)
1486	Berlin wird kurfürstliche Residenzstadt.
1539	Beginn der Reformation in Berlin
1618	Die brandenburgischen Kurfürsten erhalten das Herzogtum Preußen.
1640–88	Großer Kurfürst Friedrich Wilhelm
1645/47	Anlage des Lustgartens bzw. der Allee Unter den Linden
1658	Beginn des Baus der Festungsanlagen um Berlin
1674	Anlage der Dorotheenstadt
1685	Das Potsdamer Toleranzedikt gestattet den Zuzug

protestantischer Auswanderer aus Frankreich (Hugenotten).

Ab 1688 Anlage der Friedrichstadt und weiterer neuer Stadtviertel

1688–1713 Kurfürst Friedrich III. / König Friedrich I.

1695 Beginn des Baus von Schloss Lietzenburg (seit 1705 »Charlottenburg«) und des Zeughauses

Ab 1698 Ausbau des Schlosses zur barocken Residenz

1700 Gründung der Akademie der Wissenschaften, mit dem Philosophen Gottfried Wilhelm Leibniz als Präsidenten

1701 Kurfürst Friedrich III. krönt sich zum König Friedrich I. in Preußen; Berlin wird königliche Haupt- und Residenzstadt; Aufhebung der Stadtfreiheiten

1713–40 »Soldatenkönig« Friedrich Wilhelm I.

Ab 1735 Bau einer Zollmauer um die Stadt; Anlage von Potsdamer, Leipziger und Pariser Platz als Exerzierplätze

1740–86 Friedrich II., der Große

1740 Baubeginn des Forum Fridericianum; Abschaffung der Folter

1748 Preußen wird ein Zentrum der Aufklärung

1763 Nach dem Siebenjährigen Krieg und der endgültigen Eroberung Schlesiens steigt Preußen zur europäischen Großmacht auf.

1780 Neugestaltung des Gendarmenmarkts mit den beiden Kirchen

1786–97 König Friedrich Wilhelm II.

1788–91 Brandenburger Tor

1797–1840 König Friedrich Wilhelm III.

1806 Besetzung Berlins durch die Truppen Napoleons

Ab 1808 Dank der Reformen in der Militär- und Kommu-

	nalpolitik erhält Berlin seine Selbstverwaltung zurück.
1810	Gründung der Humboldt-Universität
1813–15	Befreiungskriege gegen Napoleon
Ab 1815	politische Restauration verhindert weitere Reformen; Beginn der industriellen Entwicklung Berlins
1815–40	Bauten von Karl Friedrich Schinkel gestalten Stadtmitte neu.
1838	erste Bahnlinie von Berlin nach Potsdam
1840	Berlin hat etwa 300 000 Einwohner.
1840–58	König Friedrich Wilhelm IV.
1843	Baubeginn Museumsinsel
1847	Gründung der Telegraphen-Bauanstalt, der späteren Siemens-Werke
1848	gescheiterte Märzrevolution
1850	Neue Stadtverfassung schränkt Selbstverwaltung Berlins wieder ein.
1858–88	Wilhelm I. (ab 1858 Regent für seinen erkrankten Bruder König Friedrich Wilhelm IV.; ab 1861 König; ab 1871 Kaiser)
1862	Stadtbauplan von Hobrecht – Begünstigung von Bodenspekulation und Mietskasernen
1868	Abriss der alten Stadt- und Zollmauern
1871	Ausrufung des Deutschen Kaiserreichs mit Berlin als Reichshauptstadt
1873	erste Kanalisation
1877	Berlin hat mehr als eine Million Einwohner.
1880	Ausbau des Kurfürstendamms; Entwicklung des neuen Westens
1883	Gründung der Allgemeinen Elektricitätsgesellschaft (AEG)
1888–1918	Kaiser Wilhelm II.

1894	Einweihung des Reichstagsgebäudes
1898	Gründung der Berliner Secession durch Max Liebermann
1902	Inbetriebnahme der ersten Hoch- und Untergrundbahn
1908/09	AEG-Turbinenhalle von Peter Behrens
1918	Abdankung des Kaisers, Ausrufung der Republik
1920	Durch Eingemeindung der umliegenden Städte und Landgemeinden entsteht »Groß-Berlin« mit 20 Bezirken und 3,8 Millionen Einwohnern.
1920er Jahre	Berlin entwickelt sich zu einem kulturellen Zentrum von Weltrang, mit Expressionismus, Dada, Film, Literatur und der modernen Architektur, darunter der Siedlungsbau.
1929	Weltwirtschaftskrise mit hoher Arbeitslosigkeit in Berlin
1931	WOGA-Komplex von Erich Mendelsohn
1933	»Machtergreifung« Adolf Hitlers; 27. Februar: Reichstagsbrand
1936	Olympische Sommerspiele in Berlin
1937	Auftrag an Generalbauinspektor Albert Speer zur Umgestaltung Berlins zur »Reichshauptstadt Germania«
1938	9./10. November.: »Reichskristallnacht« mit Zerstörung von Synagogen und jüdischen Geschäften
1941–45	Deportation von etwa 70 000 Berliner Juden in Konzentrationslager
1942	Wannseekonferenz: Beschluss zur Ermordung der Juden Europas
1943	Beginn der schweren Bombardierung Berlins
1944	20. Juli: gescheitertes Attentat auf Adolf Hitler
1945	April: Eroberung Berlins durch die Rote Armee; Selbstmord Adolf Hitlers; 8. Mai: Kapitulation

	Deutschlands; 5. Juni: Aufteilung Berlins in vier Sektoren, die von den Besatzungsmächten Sowjetunion, USA, Großbritannien und Frankreich verwaltet werden
Juni 1948 – Mai 1949	Blockade Berlins durch die Sowjetunion, Versorgung West-Berlins über die Luftbrücke
1949	23. Mai: Gründung der Bundesrepublik Deutschland einschließlich West-Berlins mit Bonn als Hauptstadt; 7. Oktober: Gründung der DDR mit Ost-Berlin als Hauptstadt
1950	eigene Verfassung für West-Berlin mit Regierendem Bürgermeister; Sprengung des Schlosses
1952	Baubeginn Karl-Marx-Allee
1957	Internationale Bauausstellung (IBA) in West-Berlin; Kongresshalle
1961	Bau der Berliner Mauer; Neubau der Gedächtniskirche von Egon Eiermann
1963	Philharmonie von Hans Scharoun auf dem Kulturforum
1969	Einweihung des Ost-Berliner Fernsehturms
1972	Viermächteabkommen zum freien Transitverkehr zwischen BRD und West-Berlin
1987	getrennte 750-Jahr-Feiern in beiden Teilen der Stadt; Bau des Nikolaiviertels
1989	9. November: Öffnung der Mauer
1990	3. Oktober: Wiedervereinigung Deutschlands
1991	Auf Beschluss des Bundestags wird Berlin wieder Hauptstadt. Die Stadt wird größte Baustelle Europas.
1994	Abzug der Alliierten
1999	Umzug der Bundesregierung von Bonn nach Berlin; Eröffnung des umgebauten Reichstags; Museumsinsel wird UNESCO-Weltkulturerbe.

2001	Bezirksreform
2002	Beschluss des Bundestags zum Wiederaufbau des Schlosses
2005	Einweihung des Holocaust-Mahnmals
2008	Abriss des Palasts der Republik
2013	Baubeginn Schloss
2014	Volksentscheid gegen die Bebauung des Areals des ehemaligen Tempelhofer Flughafens
2015–21	Sanierung von Mies van der Rohes Neuer Nationalgalerie
2019	Baubeginn Museum der Moderne »berlin modern«
2021	Grundsteinlegung für das House of One
Juli 2021	Eröffnung des Schlosses als Humboldt Forum
2022	Eröffnung des neuen Käthe-Kollwitz-Museums in Schloss Charlottenburg
2024	geplante Einweihung des Freiheits- und Einheitsdenkmals

Entwurf für das Freiheits- und Einheitsdenkmal (Agentur Milla & Partner)

Kulturkalender

Januar/Februar

Mitte Januar – **Berlin Fashion Week**: Modemesse internationaler Designer
Letzter Samstag im Januar – **Lange Nacht der Museen**: rund 170 Berliner Museen sind 18–2 Uhr geöffnet
Anfang Februar – **Transmediale**: Festival für Medienkunst und digitale Kultur (Haus der Kulturen der Welt)
Zweite und dritte Februarwoche – **Berlinale**: internationale Filmfestspiele (Theater am Potsdamer Platz und andere Kinos)

März/April

Internationale Tourismusbörse (ITB): wichtigste europäische Messe der Reisebranche für Fachpublikum, am Wochenende für alle Besucher (Messegelände am Funkturm)
Zweite Märzhälfte – **Maerzmusik**: Festival für zeitgenössische Musik und Musiktheater (Haus der Berliner Festspiele, Martin-Gropius-Bau, Akademie der Künste); **Improfestival**: eines der wichtigsten internationalen Festivals für Improvisationstheater (verschiedene Veranstaltungsorte)
April – **Britzer Baumblütenfest**: Volksfest im Grünen mit Fahrgeschäften und Bühnenprogramm (beim Gutspark Britz)

Mai/Juni

Ende April / Anfang Mai – **Gallery Weekend**: rund 50 Galerien im gesamten Stadtgebiet zeigen zeitgenössische Kunst

Anfang Mai – **Theatertreffen Berlin**: bedeutendstes deutschsprachiges Theaterfestival, mit Prämierung von zehn Inszenierungen der Saison aus deutschen, österreichischen und schweizerischen Theatern (Haus der Berliner Festspiele)

Pfingstwochenende – **Karneval der Kulturen**: multikulturelles Fest mit Umzügen (Kreuzberg)

Ende Mai / Anfang Juni – **Klassik Open Air**: klassische Musik und Schauspiel unter einem bestimmten Leitmotiv (im Hof des Jagdschlosses Grunewald)

21. Juni – **Fête de la Musique**: Musik aller Stilrichtungen an über 100 Standorten in der gesamten Stadt

Ende Juni oder Anfang Juli – **Staatsoper für alle**: kostenloses Open-Air-Konzert der Staatskapelle Berlin auf dem Bebelplatz; **Kreuzberg-Festival / Bergmannstraßenfest**: Straßenfest in Kreuzberg mit Jazz, Blues, Theateraufführungen und kulinarischen Angeboten

Juli/August

Anfang Juli – **Classic Open Air am Gendarmenmarkt**: sechs Konzerte klassischer Musik mit international renommierten Orchestern, Gesangs- und Instrumentalsolisten, begleitet von Licht- und Feuerspielen (ab 2025); **Berlin Fashion Week**: Modemesse internationaler Designer

Juli/August – **Konzertsommer Berlin im Englischen**

Garten: Open-Air-Konzerte von Bands verschiedener Musikrichtungen (Tiergarten)

Letzter Samstag im August – **Lange Nacht der Museen**: rund 170 Berliner Museen sind 18–2 Uhr geöffnet

August – **Pop-Kultur**: Konzerte, Lesungen und Talks (Kulturbrauerei); **Tanz im August**: internationales Festival für zeitgenössischen Tanz (verschiedene Veranstaltungsorte); **UFA-Filmnächte**: Meisterwerke der Filmgeschichte, vor spektakulärer Kulisse und begleitet von Livemusik (Museumsinsel); **Rokoko-Fest** in Schloss Friedrichsfelde: Konzerte, Schauspiel, historische Tänze, Pferdedressuren und andere höfische Vergnügungen des 18. Jh.s im Schlosspark

September/Oktober

Anfang September – **Internationale Funkausstellung**: weltweit größte Elektronikmesse (Messegelände); **Pyronale**: Feuerwerk-Wettbewerb (Maifeld beim Olympiastadion); **Musikfest Berlin**: großes Festival für klassische Musik mit internationalen Spitzenorchestern, Instrumental- und Vokalensembles (Philharmonie und andere Veranstaltungsorte)

Mitte September – **Internationales Literaturfestival**: Lesungen zeitgenössischer Prosa und Lyrik aus aller Welt (Haus der Berliner Festspiele)

Zweite Septemberhälfte – **Berlin Art Week**: Ausstellungen zeitgenössischer Kunst in Museen, Galerien und Kunstvereinen, in Verbindung mit Kunstmessen (verschiedene Veranstaltungsorte)

3. Oktober – **Tag der Deutschen Einheit**: Bürgerfest mit Musik, Kunst und Theater rund um das Brandenburger Tor

Mitte Oktober – **Festival of Lights**: Illumination bekannter Bauten, Straßen und Plätze

Herbst (September, Oktober oder November) – **Jüdische Kulturtage**: Konzerte, Lesungen, Ausstellungen zur jüdischen Kultur (verschiedene Veranstaltungsorte)

November/Dezember

Ende Oktober / Anfang November – **Jazzfest Berlin**: eines der ältesten und renommiertesten Jazzfestivals in Europa (Haus der Berliner Festspiele)

Dezember – **Weihnachtsmärkte**: u. a. Gendarmenmarkt, Unter den Linden, Alexanderplatz, Potsdamer Platz, Kulturbrauerei, Schloss Charlottenburg

Alle zwei Jahre an wechselnden Daten – **Berlin Biennale**: Ausstellungen zeitgenössischer Kunst (verschiedene Veranstaltungsorte)

Rundgang A: Vom **Brandenburger Tor** (S. 33) / Pariser Platz auf dem Boulevard Unter den Linden (S. 34, 37) zum **Forum Fridericianum** (S. 39), zur **Neuen Wache** (S. 43) und zum **Zeughaus** / Deutsches Historisches Museum (S. 45); von der Bauakademie (S. 73) zur Friedrichswerderschen Kirche (S. 74) und zum **Gendarmenmarkt** (S. 76).

Rundgang B: Schloss (S. 65), **Museumsinsel** (S. 51 ff.), Berliner Dom (S. 48), Marienkirche (S. 115), Fernsehturm (S. 117), Alexanderplatz (S. 117), Rotes Rathaus (S. 114), Nikolaiviertel (S. 107 ff.) und **Nikolaikirche** (S. 107), Barockpalais in Alt-Berlin (S. 110), House of One (S. 72), Altes Stadthaus (S. 111), Franziskanerkirche (S. 112), Amtsgericht Mitte (S. 113).

Rundgang C: Hackesche Höfe (S. 119), Sophienkirche (S. 121), Neue Synagoge (S. 121), Postfuhramt (S. 122), Dorotheenstädtischer Friedhof (S. 122), nördliche Friedrichstraße (S. 79), **Museumsinsel** (S. 51 ff.).

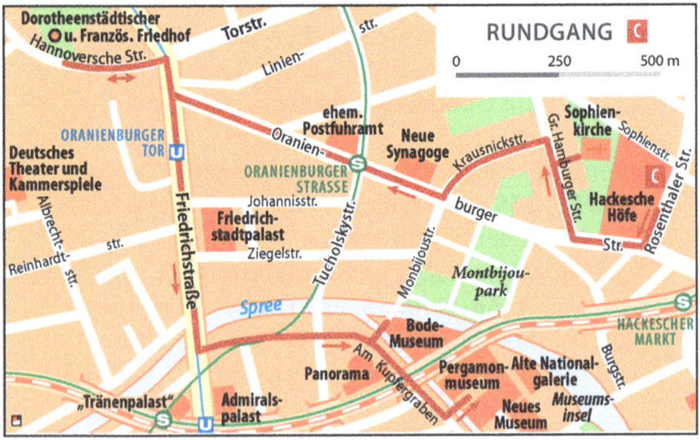

Rundgang D: Reichstag (S. 82), Regierungsviertel mit Bundeskanzleramt (S. 85 ff.), Hamburger Bahnhof / Museum für Gegenwart (S. 87), Tiergarten mit dem Haus der Kulturen der Welt (S. 88 ff.), Schloss Bellevue (S. 90), Siegessäule (S. 91) und Sowjetischem Ehrenmal (S. 89).

Rundgang E: Potsdamer Platz (S. 97), Kulturforum mit **Philharmonie** und **Gemäldegalerie** (S. 94 ff.), Shell-Haus (S. 93), Bauhaus-Archiv / Museum für Gestaltung (S. 93), Martin-Gropius-Bau (S. 102), Checkpoint Charlie (S. 102), **Jüdisches Museum** (S. 133).

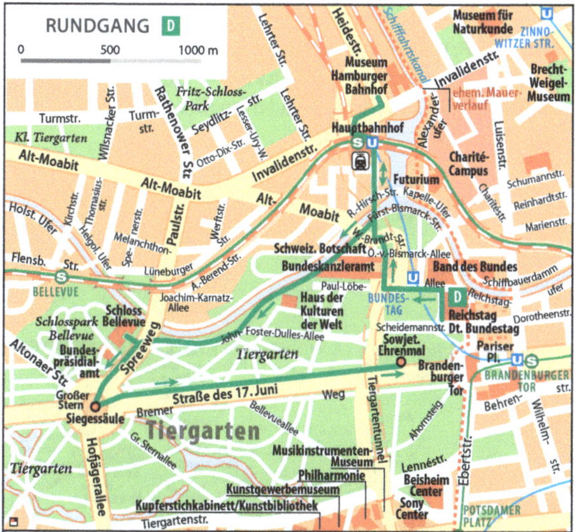

RUNDGANG D
0
500
1000 m
Museum für Naturkunde
ZINNOWITZER STR.
Brecht-Weigel-Museum
Invalidenstr.
ehem. Mauerverlauf
Heidestr.
Museum Hamburger Bahnhof
Schifffahrtskanal
Lehrter Str.
Fritz-Schloss-Park
Seydlitzstr.
Lesser-Ury-W.
Otto-Dix-Str.
Turmstr.
Kl. Tiergarten
Wilsnacker Str.
Rathenower Str.
Hauptbahnhof
Alexanderufer
Charité-Campus
Luisenstr.
Alt-Moabit
Invalidenstr.
Futurium
Schumannstr.
Reinhardtstr.
Marienstr.
Charitéstr.
Kapelle-Ufer
R.-Hirsch-Str.
Fürst-Bismarck-Str.
Holst. Ufer
Kirchstr.
Thomasiusstr.
Helgol. Ufer
Melanchthonstr.
Spenerstr.
Paulstr.
Werftstr.
Moabit
W.-Brandt-Str.
Schweiz. Botschaft
O.-v.-Bismarck-Allee
Bundeskanzleramt
Band des Bundes
Flensb. Str.
Lüneburger
A.-Berend-Str.
BELLEVUE
Schiffbauerdamm
Paul-Löbe-Allee
Haus der Kulturen der Welt
BUNDESTAG
Reichstagufer
Joachim-Karnatz-Allee
Schloss Bellevue
Schlosspark Bellevue
Reichstag Dt. Bundestag
Dorotheenstr.
Scheidemannstr.
John-Foster-Dulles-Allee
Sowjet. Ehrenmal
Bundespräsidialamt
Spreeweg
Altonaer Str.
Tiergarten
Pariser Pl.
Brandenburger Tor
BRANDENBURGER TOR
Großer Stern
Straße des 17. Juni
Weg
Behrenstr.
Wilhelmstr.
Siegessäule
Bremer
Bellevueallee
Tiergarten
Tiergartentunnel
Ahornsteig
Hofjägerallee
Gr. Sternallee
Musikinstrumenten-Museum
Philharmonie
Kunstgewerbemuseum
Kupferstichkabinett/Kunstbibliothek
Lennéstr.
Beisheim Center
Sony Center
Ebertstr.
POTSDAMER PLATZ
Tiergartenstr.

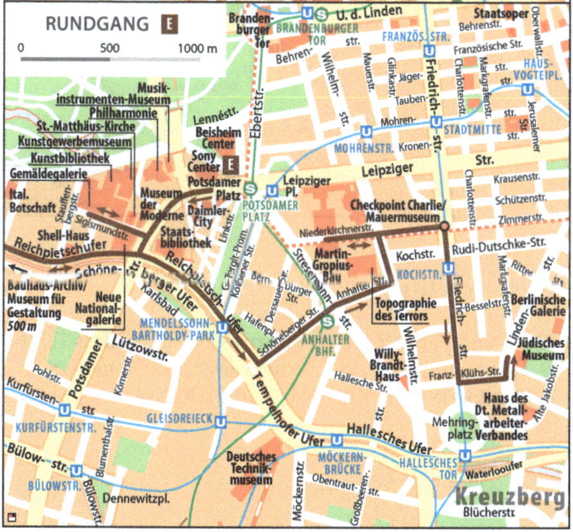

RUNDGANG E
0
500
1000 m
Brandenburger Tor
BRANDENBURGER TOR
U. d. Linden
Staatsoper
Behrenstr.
Oberwallstr.
FRANZÖS. STR.
Französische Str.
Behrenstr.
Wilhelmstr.
Mauerstr.
Glinkastr.
Jägerstr.
Taubenstr.
Friedrichstr.
Charlottenstr.
Markgrafenstr.
HAUSVOGTEIPL.
Musikinstrumenten-Museum
Philharmonie
St.-Matthäus-Kirche
Kunstgewerbemuseum
Kunstbibliothek
Gemäldegalerie
Lennéstr.
Beisheim Center
Sony Center
Ebertstr.
Mohrenstr.
MOHRENSTR.
Kronenstr.
STADTMITTE
Jerusalemer Str.
Leipziger Str.
Krausenstr.
Schützenstr.
Zimmerstr.
Potsdamer Platz
Leipziger Pl.
POTSDAMER PLATZ
Ital. Botschaft
Stauffenbergstr.
Museum der Moderne
Daimler-City
Linkstr.
Checkpoint Charlie/Mauermuseum
Sigismundstr.
Shell-Haus
Staatsbibliothek
Niederkirchnerstr.
Reichpietschufer
Martin-Gropius-Bau
Kochstr.
KOCHSTR.
Rudi-Dutschke-Str.
Ritterstr.
Schöneberger Ufer
Reichpietschufer
Köthener Str.
Stresemannstr.
Anhalter Str.
Bauhaus-Archiv/Museum für Gestaltung 500 m
Neue Nationalgalerie
Karlsbad
Bernburger Str.
Dessauer Str.
Hafenpl.
Schöneberger Str.
Topographie des Terrors
Besselstr.
Berlinische Galerie
Lindenstr.
Jüdisches Museum
MENDELSSOHN-BARTHOLDY-PARK
ANHALTER BHF.
Lützowstr.
Potsdamer Str.
Körnerstr.
Pohlstr.
Willy-Brandt-Haus
Wilhelmstr.
Hallesche Str.
Franz-Klühs-Str.
Haus des Dt. Metallarbeiter-Verbandes
Alte Jakobstr.
Kurfürstenstr.
KURFÜRSTENSTR.
GLEISDREIECK
Tempelhofer Ufer
Hallesches Ufer
Mehringplatz
Bülowstr.
BÜLOWSTR.
Blumenthalstr.
Deutsches Technikmuseum
MÖCKERNBRÜCKE
HALLESCHES TOR
Waterlooufer
Möckernstr.
Obentrautstr.
Großbeerenstr.
Dennewitzpl.
Kreuzberg
Blücherstr.

Rundgang F: KaDeWe (S. 141), City West mit Europa-Center (S. 144), Bikini Berlin (S. 144), **Kaiser-Wilhelm-Gedächtniskirche** (S. 142), Kurfürstendamm (S. 146), WOGA-Komplex/Schaubühne (S. 146).

Weitere Ausflugtipps:

Schloss und Park Charlottenburg (S. 153 ff.), Schloss Tegel (S. 128), Spandau (S. 163 ff.), Villen des Neuen Bauens in Zehlendorf (S. 166 f.), **Schloss und Park Klein-Glienicke** (S. 172 ff.).

Zwischen Brandenburger Tor und Museumsinsel, Schloss und Gendarmenmarkt

Vom Brandenburger Tor zur Museumsinsel

Das **Brandenburger Tor** (II E2) ist weltweit als Wahrzeichen Berlins und Symbol der jüngsten Geschichte Deutschlands berühmt: Seit 1961 wie ein Mahnmal der geteilten Stadt in Ost-Berlin direkt an der Mauer gelegen, wurde es nach 1989 zum Denkmal der deutschen Einheit. Das 1788–91 errichtete ehemalige Stadttor – das einzige erhaltene in Berlin – war von Anfang an ein politisches Monument: Das Friedenstor, so die ursprüngliche Bezeichnung, sollte den Auftraggeber König Friedrich Wilhelm II. als Friedensbringer Preußens verherrlichen. Der verantwortliche Architekt Carl Gotthard Langhans schuf zugleich ein Bauwerk von großer architekturgeschichtlicher Bedeutung: das erste klassizistische Stadttor Europas und das erste Bauwerk des Klassizismus in Berlin. Vorbild waren die Propyläen, das antike Eingangstor zur Akropolis in Athen, erkennbar am tempelartigen Mittelbau mit dorischer Säulenstellung und breiterer Mitteldurchfahrt für die königlichen Kutschen sowie an den seitlichen Flügelbauten, ehemals für die Wache und die Zollstation. Diese ›luftige‹ Architektur, damals für ein Stadttor neu, gestattete gemäß dem Wunsch des Königs den Durchblick zum Tiergarten. Nach dem Abriss der alten Zollmauer um die Stadt versah der Architekt Johann Heinrich Strack 1867/68 die Flügelbauten mit den offenen Säulenhallen. Der Figurenschmuck mit Themen aus der antiken Mythologie, zum großen Teil nach Entwürfen des bedeutenden klassizistischen Hofbildhauers Johann Gottfried Schadow, verdeutlicht den Friedensgedanken: die bekrönende, in Kupfer getriebene **Quadriga**, ein Viergespann vor dem Wagen mit der geflügelten Siegesgöttin Viktoria als Friedensbringerin Berlins (im Zweiten Weltkrieg zerstört, 1956–58 nach Gipsabguss kopiert); das Attikarelief mit dem Zug der Friedensgöttin in Begleitung der Siegesgöttin, der Tugenden und der Künste vor Herkules. An die Kriege Preußens, die dem Frieden vorausgingen, erinnern die Metopen im Gebälk nach dem Vorbild des Parthenontempels auf der Athener Akropolis mit dem Kampf zwischen Kentauren, den Pferd-Mensch-Mischwesen, und den Lapithen, mythischen Helden der Vorzeit, sowie die Reliefs in den Durchfahrten mit Szenen aus der Herkules-Sage und schließlich die Statuen von Mars und Minerva. Der politischen Symbolkraft des Baus war sich auch Napoleon bewusst, als er 1806 nach der Einnahme Berlins die Quadriga als Siegestrophäe nach Paris bringen ließ. Aber nach dem Sieg Preußens über Napoleon kehrte die Gruppe 1814 triumphal unter großer Beteiligung der Bevölkerung nach Berlin zurück und galt fortan, neu ausgestattet mit dem Orden des Eisernen Kreuzes und dem preußischen Adler, als Symbol des Sieges über Napoleon.

Pariser Platz (II E2): Der ursprünglich wegen seiner viereckigen Form »Quarree« genannte Platz wurde 1734 als westlicher Abschluss der Lindenallee angelegt, erhielt aber erst 1814 nach der Eroberung von Paris durch die preußischen Truppen den bis heute üblichen Namen. Die geschlossene Bebauung des 19. Jh.s aus Botschaften, Wohnpalais, Akademie der Künste und Hotel Adlon versank im Zweiten Weltkrieg in Schutt und Asche. Zu DDR-Zeiten Sperrgebiet an der Mauer, stand hier nur noch das Brandenburger Tor. Nach der Wende provozierten die 1993 vom Berliner Senat beschlossenen Gestaltungsvorschriften zum Wiederaufbau heftige Diskussionen, denn anstelle spektakulärer, frei entworfener Architektur waren Neubauten gewünscht, deren Dimension und Fassadengestaltung (maximale Traufhöhe von 22 Metern und traditionelle

Brandenburger Tor und Mauer von Osten aus gesehen. DDR-Luftbild von 1988/89

Natursteinfassaden mit höchstens 49 Prozent Glasflächen) sich an der historischen Bebauung der Vorkriegszeit orientieren und die ursprüngliche Nutzung der Gebäude berücksichtigen – das Hotel Adlon, die Akademie der Künste und die Botschaften von Frankreich und den USA sollten hierhin zurückkehren. Jeder Architekt setzte die ästhetischen Vorgaben auf eigene Weise um. Mit dem **Haus Sommer** (Nr. 1) und dem **Haus Liebermann** (Nr. 7), Stadtwohnsitz und Atelier des Malers Max Liebermann, zu beiden Seiten des Brandenburger Tors verwirklichte Josef Paul Kleihues 1999 das von ihm propagierte Prinzip der »Kritischen Rekonstruktion«, die trotz moderner Formensprache den historischen Vorgängerbauten des Schinkelschülers Friedrich August Stüler verhaftet bleibt. Der Architekt Frank O. Gehry, Schöpfer spektakulärer Museumsbauten, interpretierte die Bauvorschriften bei der wellenförmigen Fassade der **DZ Bank** (Nr. 3; 1997–2001) im Sinne des von ihm vertretenen Dekonstruktivismus. Gehrys charakteristische expressive Formensprache entfaltet sich vor allem im Innenhof mit dem gewölbten gläsernen Boden, dem freischwebenden, wie eine Metallskulptur geformten Konferenzsaal und der verzogenen Dachkonstruktion. Die gläserne Fassade der **Akademie der Künste** von Günther Behnisch und Partnern respektiert als einzige am Platz nicht die Bauvorschriften und konnte daher erst nach Einschreiten des damaligen Bundespräsidenten Roman Herzog 2005 realisiert werden. Hinter dem Glasvorbau verbergen sich die erhaltenen Reste des Vorgängerbaus von Ernst von Ihne von 1906. Die historisierenden Formen des **Hotel Adlon** (1995–97) von Patzsche, Klotz und Partnern, weltweit gefragte Architekten von Luxushotels, lehnen sich hingegen eng an das historische Vorbild des alten Hotels Adlon an. Dieses 1907 eingeweihte Luxushotel war legendär und prominenter gesellschaftlicher Treffpunkt der Kaiserzeit und der Weimarer Republik; 1945 brannte es aus und wurde später abgerissen. An der Fassade der **Französischen Botschaft** (1999–2001; Christian de Portzamparc) mit ihren verschieden großen, vertikalen Fenstereinschnitten, deren schräge Laibungen eine gute Sicht auf das Brandenburger Tor gewährleisten, zeigt sich eine kreative Auseinandersetzung mit den Bauvorschriften.

Die **Britische Botschaft** (II F2) hinter dem Hotel Adlon ist mit einem aufsehenerregenden, postmodernen Neubau des Architekten Michael Wilford von 1998–2000 an ihren angestammten Platz zurückgekehrt: Die scharfkantige Öffnung der Fassade, aus der ein spitzer und ein violetter, gerundeter Baukörper herausragen, wird als Ironisierung der konventionellen, steinernen ›Lochfassade‹ mit regelmäßigen Fensteröffnungen verstanden.

Unter den Linden (II F2): Die berühmte Prachtstraße verkörpert wie kaum ein anderer Ort Berlins Glanzzeit als Hauptstadt Preußens. Die Ursprünge der fast 1,4 Kilometer langen und 60 Meter breiten Straßenachse gehen auf den 1573 angelegten Reitweg vom Schloss zum damaligen kurfürstlichen Jagdrevier im Tiergarten zurück. 1647 ließ der Große Kurfürst Friedrich Wilhelm den Weg mit Linden bepflanzen, daher der bis heute übliche Straßenname. Ende des 17. Jh.s begann die repräsentative Ausgestaltung der Allee mit öffentlichen Bauten und vornehmen Wohnpalais. Aber erst nach der Niederlegung der alten Festungsanlagen 1740 erstreckte sich die Achse vom Schloss bis zum Pariser Platz. Anfang des 19. Jh.s wurde die prunkvolle Barockbebauung durch bedeutende klassizistische Gebäude ergänzt. Seit der Gründung des Kaiserreichs 1871 wandelte sich der Abschnitt zwischen Friedrichstraße und Brandenburger Tor zum Luxusboulevard mit Geschäftshäusern, Banken, Hotels und Cafés. Nach den Zerstörungen des Zweiten Weltkriegs restaurierte die DDR historische Bauten im östlichen Abschnitt, während man im westlichen Teil der Straße zwischen den erhaltenen Bauten der Kaiserzeit (Nr. 10, 12–15, 26–30, 36–38 und 40) moderne Verwaltungs- und Geschäftsgebäude hochzog, von denen sich die Botschaft der Sowjetunion, heute **Botschaft der Russischen Föderation** (Nr. 63–65), abhebt: 1949–51 im stalinistischen Monumentalstil errichtet, symbolisierte sie die politische Verbundenheit von DDR und Sowjetunion. Nach der Wende sind mehrere Neubauten hinzugekommen, so dass die Linden-Allee heute in diesem Abschnitt wieder fast geschlossen bebaut ist. Durch die Neubebauung des Pariser Platzes und die Rekonstruktion des Schlosses hat der Boulevard auch die architektonischen Bezugspunkte am westlichen und östlichen Straßenende zurückerhalten.

Staatsbibliothek zu Berlin, Haus Unter den Linden (II F2): Als der Platz in der Alten Bibliothek des 18. Jh.s (s. S. 40) nicht mehr ausreichte, veranlasste Kaiser Wilhelm II. beim prominenten Architekten Ernst von Ihne den riesigen, neobarocken Neubau (1903–14), damals das größte Bibliotheksgebäude der Welt. Der einst berühmte überkuppelte Lesesaal, der am Ende der repräsentativen Abfolge von Eingangshalle, Ehrenhof, Treppenhaus und Vestibül lag, wurde im Zweiten Weltkrieg zerstört und ist heute durch einen gläsernen, kubischen Neubau des Architekturbüros HG Merz ersetzt. Im Zuge der 2019 abgeschlossenen Sanierung hat man wichtige historische Bauteile wiederhergestellt: das Gewölbe des Treppenhauses und die Kuppel des Vestibüls. Die größte Universalbibliothek Deutschlands besitzt zusammen mit dem zweiten Standort am Kulturforum 25 Millionen Werke – gedruckte Bücher, Karten, Zeitungen und kostbare Handschriften und Autographe sowie digitale Werke aus allen Wissensgebieten, Ländern und Sprachen, darunter auch bedeutende Nachlässe von Schriftstellern und Komponisten wie Goethe, Mozart und Beethoven (etwa die Partitur seiner *Neunten Symphonie*, die zum Weltdokumentenerbe der UNESCO zählt).

Reiterdenkmal Friedrichs des Großen (II F2): Das monumentale, über fünf Meter hohe Reiterstandbild zählt zu den bedeutendsten Denkmälern des 19. Jh.s in Deutschland, da sich hier der stilistische Übergang vom bislang gültigen, idealisierten Stil des Klassizismus zu einer stärker realistischen Darstellungsweise der Bildhauerei zeigt. Aber der Aufstellung des 1839–51 von Preußens führendem Bildhauer Christian Daniel Rauch geschaffenen Reiterdenkmals gingen Jahrzehnte der Planung mit fast 100 Entwürfen verschiedener Künstler voraus. Streitpunkt war die »Kostümfrage«: Sollte man den Herrscher idealisiert in antiker Gewandung nach dem Vorbild der römischen Reiterstatue des Marc Aurel auf dem Kapitol in

Rom oder in zeitgenössischer Uniform, mit Dreispitz und Krückstock – so wie ihn seine Untertanen kannten –, der schließlich von Rauch realisierten Lösung, zeigen? Der König reitet trotz dieser wirklichkeitsnahen Darstellung wie ein siegreicher Feldherr, majestätisch in die Ferne blickend, auf seinem Lieblingspferd Condé. Der dreigeteilte hohe Sockel zeigt über der Zone mit den Inschriften vollplastische Reiterfiguren, Standbilder und Sitzfiguren bedeutender Feldherren, Staatsbeamter, Gelehrter und Künstler, ebenfalls in zeitgenössischer Kostümierung, sowie schließlich Tugendfiguren und Reliefs mit Szenen aus dem Leben Friedrichs – insgesamt ein Programm zur Verherrlichung des Monarchen.

Altes Palais (II F2): Das ehemalige **Palais Kaiser Wilhelms I.** wurde 1834–37 nach einem Entwurf von Carl Ferdinand Langhans als Stadtsitz des Kronprinzen und späteren Kaisers an die Alte Bibliothek angefügt. Der strenge, kubische Baublock ist einem italienischen Renaissancepalast nachempfunden, mit vorgelagertem dorischem Portikus. Nach Kriegszerstörung hat man nur den Außenbau rekonstruiert. Das Nachbargebäude (Nr. 11) anstelle des zerstörten Niederländischen Palais ist ein Nachbau des barocken Gouverneurshauses (1721, Friedrich Wilhelm Diterichs) aus der Rathausstraße unter Verwendung originaler Fassadenelemente.

Am **Forum Fridericianum / Bebelplatz** (II F2) öffnet sich ◆ die Linden-Allee zu einem der schönsten Plätze Berlins im strengen preußischen Barockstil. Schon vor seinem Regierungsantritt 1740 plante Friedrich der Große zusammen mit seinem Architekten Georg Wenzeslaus von Knobelsdorff auf dem Gelände der 1740 abgetragenen Stadtbefestigung einen groß angelegten Platz mit neuem Residenzschloss, Akademie der Wissenschaften und Opernhaus – als Ausdruck der Einheit von königlicher Herrschaft, Wissenschaft und Kunst. Aber von diesem Projekt wurde nur das Opernhaus ausgeführt.

Stattdessen entstanden bis 1780 nach neuen Plänen die Hedwigs-Kathedrale, die Alte Bibliothek und das ehemalige Prinz-Heinrich-Palais (heute nach Kriegszerstörung in rekonstruierter Form). Das 1994/95 vom israelischen Künstler Micha Ullmann geschaffene, unterirdische Denkmal der »Versunkenen Bibliothek«, markiert durch eine Glasscheibe in der Mitte des Platzes, erinnert an die Bücherverbrennung der Nationalsozialisten 1933. Der monumentale Neorenaissancebau des ehemaligen Hauptsitzes der Dresdener Bank, der 1887–89 zwischen die Kirche und die Alte Bibliothek geschoben wurde, wurde bis 2006 zum luxuriösen Hotel de Rome umgebaut.

Alte Bibliothek (II F2): 1775–80 ließ Friedrich der Große anstelle der ursprünglich geplanten Akademie der Wissenschaften die königliche Bibliothek errichten und deren bis dahin im Schloss untergebrachten Bestände ganz im Sinne der Aufklärung erstmals allen Bürgern zugänglich machen. Auf Weisung des Königs musste der Architekt Georg Christian Unger einen unausgeführten, aber durch Kupferstiche bekannten Entwurf des Architekten Emanuel Fischer von Erlach von 1723–30 für den Michaelertrakt der Wiener Hofburg imitieren. Der Barockstil der geschwungenen, durch Mittel- und Eckrisalite mit Säulenstellungen plastisch artikulierten Fassade war damals bereits überholt – wie man bis heute im Vergleich zu den anderen klassizistisch geprägten Bauten des Forum Fridericianum erkennen kann. Nach Kriegszerstörungen wurde 1963–69 nur der Außenbau rekonstruiert.

St.-Hedwigs-Kathedrale (II F2): Nach der Eroberung Schlesiens ließ Friedrich der Große 1747–73 als Zeichen religiöser Toleranz die erste katholische Kirche Brandenburg-Preußens seit der Reformation erbauen. Seine religionspolitische Absicht sollte vermutlich auch in der Bauform (nach Entwürfen vom König selbst und von Georg Wenzeslaus von Knobelsdorff) zum Ausdruck kommen: Der überkuppelte runde

Zentralbau mit tempelartiger Front orientiert sich am Pantheon in Rom, in der Antike ein allen Göttern geweihter Tempel. Zugleich zeigt sich in der Anlehnung an das antike Vorbild der aufkommende Klassizismus. Die Reliefs mit Szenen aus dem Leben Christi zwischen den Säulen der Eingangsfront wurden nach neuesten Erkenntnissen schon im 18. Jh. vom Bildhauer Franz Ebenhecht angebracht, während die »Anbetung der Heiligen Drei Könige« im Giebel erst im späten 19. Jh. hinzugefügt wurde. Beim Wiederaufbau 1952–63 nach schweren Kriegsschäden führte der Architekt Hans Schwippert die Kuppel in steilerem Umriss als Stahlbetonkonstruktion aus und stellte das Innere, das schon 1932 von Clemens Holzmeister modernisiert worden war, in vereinfachten Formen wieder her. Die damals geschaffene zentrale Bodenöffnung mit Treppe zur Krypta wurde im Rahmen einer Sanierung nach dem 2014 preisgekrönten Entwurf von Sichau & Walter Architekten (mit Leo Zogmayer) wieder geschlossen. Über diese Umgestaltung mit dem Altar im Zentrum wurde heftig gestritten: Die Befürworter der Veränderungen von Schwippert standen dem Erzbistum Berlin gegenüber, das seit 1930 hier seinen Sitz hat und den Umbau mit einer besseren liturgischen Nutzbarkeit seiner Kathedrale rechtfertigt. Die neuen Fenster geben die Sternenkonstellation in Berlin zur Zeit der Geburt Christi wieder. Der Abschluss der Arbeiten ist für 2024 geplant. Zur Ausstattung gehören auch einige ältere Werke: »Mondsichelmadonna«, süddeutsch, 16. Jh.; »Pietà«, süddeutsch, Anfang 15. Jh.; Sitzfigur des »Hl. Petrus«, Siena, um 1400.

Die **Staatsoper Unter den Linden** (II F2) wurde 1741–43 nach Entwürfen Friedrichs des Großen und seines Architekten Georg Wenzeslaus von Knobelsdorff als erster freistehender, vom Schloss losgelöster Theaterbau Deutschlands erbaut. Schon die Zeitgenossen bewunderten die neue strenge Formensprache des Außenbaus – der kubische Baukörper mit vor-

Eduard Gaertner, »Ansicht Unter den Linden«, 1845.
Madrid, Museo Nacional Thyssen-Bornemisza

gesetztem Säulenportikus mit Dreiecksgiebel und die nach festen Regeln berechneten Proportionen der einzelnen Architekturteile waren von Werken des italienischen Renaissancearchitekten Andrea Palladio und deren englischen Nachfolgebauten beeinflusst. Die Innenräume im Rokokostil waren schon vor der Zerstörung im Zweiten Weltkrieg den Umbauten zwischen 1787 und 1926–28 zum Opfer gefallen. Beim Wiederaufbau zwischen 1952 und 1955 bewahrte der Architekt Richard Paulick weitgehend das ursprüngliche Erscheinungsbild des Äußeren, gestaltete das Innere aber völlig neu, wenn auch in Anlehnung an die ehemaligen Rokokoformen. Die 2008 geplante Generalsanierung des Baus, die einen neuen Zuschauerraum mit verbesserter Klimatechnik, Akustik und Bühnensicht vorsah, löste heftige Proteste aus – mit dem Ergebnis, dass Paulicks Neorokokosaal der Nachkriegszeit erhalten blieb. Der 2017 abgeschlossene Umbau nach den neuen Plänen des Architekturbüros HG Merz kam aber dem Wunsch des Generalmusikdirektors Daniel Barenboim nach einer besseren

Akustik durch eine Anhebung der Saaldecke im Zuschauerraum nach. In das ehemalige Magazingebäude von Paulick (1951–55) hinter der Oper fügte der Architekt Frank O. Gehry den neuen Kammermusiksaal (**Pierre-Boulez-Saal**) der Barenboim-Said-Akademie ein, ein wandelbarer Raum mit scheinbar freischwebendem Rang.

Humboldt-Universität zu Berlin (II F2): Den Kern des Gebäudes ließ Friedrich der Große 1748–66 anstelle des ursprünglich hier geplanten neuen Schlosses als spätbarockes Palais von Johann Boumann d. Ä., vielleicht nach Plänen von Georg Wenzeslaus von Knobelsdorff, für seinen Bruder, den Prinzen Heinrich, errichten, um der Platzanlage des Forum Fridericianum über die Linden-Allee hinweg eine geschlossene Form zu verleihen. Nach dem Tod des Prinzen 1802 wurde das Gebäude 1810 der auf Betreiben von Wilhelm von Humboldt gegründeten Universität, heute Humboldt-Universität zu Berlin, zugesprochen und 1913–20 von Ludwig Hoffmann durch zwei lange Flügel auf der Rückseite erweitert. Nach der Kriegszerstörung wurde 1947–54 nur der Außenbau wiederhergestellt, die Innenräume gelten als bedeutende Beispiele des DDR-Historismus der 1950er Jahre. Vor dem Eingang stehen die **Denkmäler der Gebrüder Humboldt** (1883): der preußische Bildungsreformer Wilhelm mit Buch, der Naturwissenschaftler Alexander mit exotischer Pflanze und Globus.

Neue Wache (II F2): Der erste, 1817/18 errichtete Bau von Karl Friedrich Schinkel in Berlin, ein Hauptwerk des Klassizismus, begründete dessen Ruhm als preußischer Staatsarchitekt. Neben der Funktion als Wachhaus für die königliche Garde von Friedrich Wilhelm III., der auch nach seiner Thronbesteigung 1797 anstatt im Schloss weiterhin im Kronprinzenpalais gegenüber residierte, sollte der Bau zusammen mit der Schlossbrücke auch an die Siege Preußens in den Befreiungskriegen erinnern. Nach Versuchen in verschiedenen

Stilen entschloss sich Schinkel auf Wunsch des Königs zu einem klassizistischen Bau, der Elemente der griechischen und römischen Antike vereint: Vor einen quadratischen, fast glatten Kubus mit verstärkten Ecken nach dem Vorbild eines römischen Heerlagers setzte er einen dorischen Säulenportikus mit Dreiecksgiebel nach Art griechischer Tempel – mit korrekten dorischen Säulen ohne Basen. Aber die beim dorischen Fries üblichen Metopen und Triglyphen sind durch in Zink gegossene Figürchen von Siegesgöttinnen nach dem Entwurf von Johann Gottfried Schadow ersetzt. Das Relief im Giebelfeld nach Entwürfen Schinkels stellt Kampf, Sieg, Flucht und Niederlage dar (erst 1842 ausgeführt). Zum Figurenprogramm der Wache gehörten auch die ehemals rechts und links des Gebäudes aufgestellten, kunsthistorisch bedeutenden **Denkmäler der preußischen Generäle** der Befreiungskriege, Friedrich Wilhelm von Bülow und Gerhard von Scharnhorst (Bildhauer: Christian Daniel Rauch; Sockel: Karl Friedrich Schinkel). Zu DDR-Zeiten entfernt und ab 2002 auf der Straßenseite gegenüber im Prinzessinnengarten aufgestellt, kamen die Standbilder 2021 aus konservatorischen Gründen in die Ausstellung »Enthüllt. Berlin und seine Denkmäler« in der Zitadelle in Spandau. Der Plan, am alten Standort Kopien aufzustellen, hat Proteste ausgelöst: Statuen von Generälen lassen sich thematisch nur schwer mit der veränderten Funktion des Baus vereinbaren. Als Wachhaus nach dem Ende des Kaiserreichs 1918 überflüssig, wurde das Innere mehrfach zur Gedenkstätte umgebaut: 1931 von Heinrich Tessenow zum Ehrenmal für die Gefallenen des Ersten Weltkriegs, zu DDR-Zeiten zum Mahnmal für die Opfer des Faschismus und Militarismus und nach der Wiedervereinigung 1993 auf Betreiben des damaligen Bundeskanzlers Helmut Kohl zur »Zentralen Gedenkstätte der Bundesrepublik Deutschland für die Opfer von Krieg und Gewaltherrschaft«, mit der umstrittenen vergrößerten Kopie der Skulptur »Mutter mit totem Sohn« von Käthe Kollwitz (1937–39).

Das **Prinzessinnenpalais** und das **Kronprinzenpalais** (II F2) präsentieren sich nach Kriegszerstörung heute als Nachbauten von Richard Paulick von 1963–69. Das originale Prinzessinnenpalais, später Operncafé, wurde 1733 quer zur Linden-Allee vom Architekten Friedrich Wilhelm Diterichs im Stil des preußischen Barock errichtet und 1810/11 durch den Kopfbau von Heinrich Gentz zum Wohnsitz für die Töchter von Kaiser Friedrich Wilhelm III. erweitert. Nach dem Umbau durch das Berliner Architekturbüro Kuehn Malvezzi eröffnete hier 2018 unter dem Namen **Palais Populaire** das neue Veranstaltungs- und Ausstellungshaus der Deutschen Bank für zeitgenössische Kunst, Kultur und Sport. Das Kronprinzenpalais (Palais Unter den Linden) war der 1732 von Friedrich Gerlach erbaute Wohnsitz des Kronprinzen Friedrich, später König Friedrich der Große; 1856/57 wurde er durch Johann Heinrich Strack klassizistisch umgebaut. 1990 wurde hier der Einigungsvertrag zwischen der DDR und der Bundesrepublik Deutschland unterzeichnet. Heute wird das Gebäude für kulturelle Veranstaltungen und Ausstellungen genutzt.

Das **ehemalige Kommandantenhaus** (II F2), Ende des 18. Jh.s als Sitz des Militärkommandanten von Berlin erbaut und 1873/74 umgestaltet, wurde im Zweiten Weltkrieg zerstört. Nach dem Abriss der Ruine entstand hier das Ministerium für auswärtige Angelegenheiten der DDR, das 1995 abgetragen wurde. Für den Neubau der **Hauptstadtrepräsentanz der Bertelsmann AG** von 2001–03 bestand die Auflage, die klassizistische Fassade der alten Kommandantur, die einem italienischen Renaissancepalast nachempfunden ist, originalgetreu zu rekonstruieren.

Zeughaus / Deutsches Historisches Museum (II F2): ◆ Das ehemalige preußische Waffenarsenal war neben dem

Schloss das größte und bedeutendste Bauunternehmen von Kurfürst Friedrich III., der seinen Anspruch auf die Königskrone Preußens durch sichtbare Prachtentfaltung in Kunst und Architektur unterstreichen wollte. Die monumentale, schlossartige Vierflügelanlage wurde 1695 von Johann Arnold Nering vielleicht nach einem Plan des prominenten Pariser Architekten François Blondel begonnen und von Martin Grünberg, Andreas Schlüter und Jean de Bodt bis in die 1730er Jahre nach veränderten Entwürfen fertiggestellt. Am meisterhaft gestalteten Außenbau erhebt sich über der Sockelzone mit Bandrustika das Hauptgeschoss mit dorischer Pilastergliederung und einem durch Säulen und Dreiecksgiebel hervorgehobenen Mittelrisalit, der wohl auf eine von der Ostfassade des Pariser Louvre beeinflusste Idee von de Bodt zurückgeht. Der reiche Skulpturenschmuck, ein charakteristisches Merkmal des Zeughauses, verherrlicht Kriegskunst und Militär. Die allegorischen Frauengestalten und das Medaillon der Portalnische auf der Eingangsseite, die Giebelreliefs in den Risaliten und die Figurengruppen auf der Dachbalustrade schuf Guillaume Hulot nach Entwürfen von de Bodt. Kunsthistorische Bedeutung besitzen vor allem die Schlusssteine im Erdgeschoss der Außenfassade und die Masken der sogenannten »Sterbenden Krieger« im Innenhof, Meisterwerke der europäischen Barockplastik von Andreas Schlüter von 1696/97. Die expressiv gestalteten Köpfe enthaupteter Krieger sind weniger als Anklage von Schrecken und Leid des Krieges zu deuten, sondern eher – nach damaligem Verständnis – als Sinnbilder besiegter Feinde. Zusammen mit dem ursprünglich geplanten Standbild von Friedrich III. war das gesamte Skulpturenprogramm des Innenhofs der Verherrlichung des Monarchen als siegreichem Feldherrn gewidmet. Nach der Reichsgründung ließ Kaiser Wilhelm II. 1880 das Waffenarsenal zur Ruhmeshalle der brandenburgisch-preußischen Armee mit Waffenmuseum umbauen. Seit 1952 war hier das Museum der Deutschen Geschichte der DDR untergebracht. Nach der Wiedervereinigung und einer grundlegenden Sanierung zog hier 2006 das Deutsche Historische Museum ein, mit der Dauerausstellung »Deutsche Geschichte in Bildern und Zeugnissen« im europäischen Kontext vom Mittelalter bis ins 20. Jh., mit Möbeln, Mode, Technik, Medizin, Kunst und Kunstgewerbe, Waffen und Uniformen. Dafür schuf der berühmte Architekt Ieoh Ming Pei, Schöpfer der gläsernen Pyramide im Pariser Louvre, 1998–2003 das Glasdach des Innenhofs sowie einen rückwärtigen modernen Anbau für Sonderausstellungen: Der monolithische Kalksteinblock, an den eine effektvolle gläserne Treppenspirale angesetzt ist, sucht den scharfen Kontrast zur historischen Architektur. Die Dauerausstellung im historischen Zeughaus ist bis Ende 2025 wegen Überarbeitung des Konzepts geschlossen.

Maxim-Gorki-Theater (II F2): Das Gebäude, einst Sitz der **Singakademie**, errichtete 1825–27 der Architekt Karl Theodor Ottmer, vielleicht unter Verwendung von Ideen Karl Friedrich Schinkels, als erstes Konzerthaus Berlins für die 1791 gegründete Chorvereinigung. Nach Kriegszerstörung wurde der Außenbau rekonstruiert: ein dem römischen Podiumstempel nachempfundener Rechteckbau mit Pilastergliederung und Giebel an der Fassade.

Palais am Festungsgraben (II F2): Der auf das Kastanienwäldchen ausgerichtete Bau, das ehemalige preußische Finanzministerium, entstand 1861–63 nach Plänen von Heinrich Bürde durch den Ausbau eines barocken Palais. Der dreigeschossige, spätklassizistische Außenbau orientiert sich an italienischen Renaissancepalästen. Im Inneren sind sehenswert: das Haupttreppenhaus, der vom Weißen Saal des Schlosses (zerstört) inspirierte Marmorsaal und zwei hierher versetzte Raumkunstwerke, der Saal des ehemaligen Weydingerhauses, um 1830 (wohl von Karl Friedrich Schinkel), und die sogenannte »Schlüterdecke« aus dem Wartenbergschen Palais.

Das **Magnus-Haus** (II F2), um 1755 wahrscheinlich vom Architekten Georg Friedrich Boumann errichtet, gehört zu den wenigen in Berlin erhaltenen barocken Bürgerhäusern. Die zweigeschossige Fassade schmückten ein Mittelrisalit mit Kolossalpilastern und eine doppelläufige Eingangstreppe. Das Gebäude ist nach einem späteren Bewohner, dem berühmten Physiker Heinrich Gustav Magnus, benannt, der hier 1842 das erste Physikalische Institut Deutschlands gründete.

Schlossbrücke (II F2): 1822–24 wurde die alte hölzerne »Hundebrücke« (so genannt nach den fürstlichen Jagdgesellschaften, die hier mit ihren Hunden Richtung Tiergarten aufbrachen) über den Spreekanal durch eine Steinkonstruktion nach Entwurf Karl Friedrich Schinkels ersetzt. Die breite Gewölbebrücke, ursprünglich mit Schiffsdurchlassklappen statt des mittleren Bogens, sollte erstmals eine städtebauliche Einheit zwischen der Linden-Allee und dem Schlossplatz herstellten. Die schon von Schinkel geplanten, aber erst 1842–57 realisierten Marmorfiguren auf hohen Granitsockeln, die von Schülern des Bildhauers Christian Daniel Rauch stammen und Krieger in Begleitung antiker Göttinnen des Krieges und des Sieges darstellen, erinnern an die Befreiungskriege, die die europäischen Mächte gegen Napoleon führten. Die gusseisernen Brüstungen zeigen Seepferdchen, Delfine und andere Meereswesen.

Der **Dom** am Lustgarten (II F/G 2), neben dem Reichstag das wichtigste Beispiel der historistischen Repräsentationsarchitektur unter Wilhelm II., wurde 1894–1905 nach Plänen von Julius Raschdorff erbaut, da der schlichte alte Dom (1747–50, Georg Wenzeslaus von Knobelsdorff, 1817–22 von Karl Friedrich Schinkel verändert) nach der Reichsgründung 1871 dem Kaiser nicht mehr genügte. Der pompöse neue Dom sollte nicht nur wie bisher als Hof- und Grabkirche der Hohenzollern dienen, sondern als Hauptkirche des preußischen Protestantismus die neuen kaiserlichen Herrschaftsansprüche über das gesamtdeutsche Reich verkörpern – ein Denkmal des deutschen Kaisertums und eine Art Gegenpol zu St. Peter in Rom, der Hauptkirche der katholischen Christenheit. Daher orientierte sich Raschdorff an Michelangelos Architektur der Peterskirche und schuf einen monumentalen Bau, der Unsummen verschlang, alle Maßstäbe zu sprengen schien und daher auch viel Kritik hervorrief. Funktional war er dreigeteilt: 1. Predigt- und Festkirche, ein Zentralbau mit dominanter Kuppel und vier Ecktürmen, dem zum Lustgarten die reich mit kolossalen Säulen und Pilastern gegliederte Hauptfassade vorgeblendet ist; 2. auf der Südseite zum Schloss hin die rechteckige Tauf- und Traukirche, und 3. auf der gegenüberliegenden Seite im Norden die niedrigere Denkmalskirche mit Kapellenkranz für einige Prunksarkophage und Grabdenkmäler der Hohenzollern. Diese Denkmalskirche und die unterirdische Fürstengruft mit weiteren 90 Sarkophagen machten den Dom neben der Kapuzinergruft in Wien, dem Escorial bei Madrid, der Westminster Abtei in London und St. Denis bei Paris zum wichtigsten dynastischen Mausoleum in Europa. Nach schweren Kriegszerstörungen 1944/45 trug die DDR-Regierung 1975/76 die Denkmalskirche aus ideologischen Gründen ab; die übrigen Bauteile wurden aber bis 1993 wieder hergestellt (Kuppelmosaiken 2002 fertig). Bis 2025 wird die Hohenzollerngruft denkmalgerecht umgebaut. Die Sanierung hat eine Debatte über die Rekonstruktion der Denkmalskirche ausgelöst.

Das Innere beherrscht der gewaltige achteckige Kuppelraum der Predigt- und Festkirche mit umlaufenden, durch Säulen und Pilaster geschmückten Pfeilerarkaden, die sich auf den Hauptachsen zum halbrunden Chor bzw. zu den rechteckigen

Anräumen mit Emporen, auf den Diagonalachsen hingegen zu Konchen öffnen. An der prunkvollen, protestantischen Themen gewidmeten Ausstattung waren die wichtigsten Künstler der wilhelminischen Epoche beteiligt, darunter Anton von Werner (Kuppelmosaiken mit den »Seligpreisungen der Bergpredigt« und Glasfenster im Altarraum mit Szenen aus dem Leben Jesu), ferner Max Baumbach, Karl Begas d. J., Alexander Calandrelli und andere (Pfeilerstatuen mit den Reformatoren Johannes Calvin, Martin Luther, Philipp Melanchthon und Ulrich Zwingli sowie um die Reformation verdienten preußischen Herrschern), darunter Otto Lessing (Reliefs über den Arkaden mit Szenen aus der Apostelgeschichte). Einige Ausstattungsstücke stammen aus dem Vorgängerbau, wie der Altar aus farbigem Marmor von August Stüler von 1850, der Taufstein von Christian Daniel Rauch von 1819–33 und das großformatige Gemälde »Ausgießung des Heiligen Geistes« von Karl Begas d. Ä. in der Tauf- und Traukirche, ehemals das Hauptaltarbild des Schinkel-Doms (um 1820).

Zu den besonderen Sehenswürdigkeiten des Doms gehören die **Sarkophage** von Angehörigen des Hauses Hohenzollern (der größte Teil in der Gruft), die die Entwicklung dieser Gattung vom 16. bis zum 20. Jh. zeigen. Seit 1993 sind die prominentesten Beispiele aus der abgerissenen Denkmalskirche unter der südlichen und nördlichen Empore aufgestellt: Das Bronzegrabmal des Kurfürsten Johann Cicero von 1524–30, aus der Werkstatt des Nürnberger Bildhauers Peter Vischer d. Ä., gilt als das wichtigste in Berlin erhaltene Renaissancekunstwerk und als das erste Beispiel einer politisch ausgerichteten Denkmalkunst der Hohenzollern; dieses Tischgrab mit der vollplastischen Liegefigur des Verstorbenen in Rüstung und gemustertem Mantel war ursprünglich im Kloster Lehnin, der ersten Familiengrablege der Dynastie, aufgestellt. Die prachtvollen Zinnsarkophage des Großen Kurfürsten Friedrich Wilhelm und seiner zweiten Gemahlin Dorothea des späten 17. Jh.s nach Entwürfen von Johann Arnold Nering besitzen noch die kastenartige Grundform, sind aber aufwendig verziert. Berlins größter Barockbildhauer Andreas Schlüter gestaltete 1705 und 1713 die geschwungenen, vergoldeten Prunksarkophage des ersten preußischen Königs Friedrich I. und seiner Gemahlin Sophie Charlotte erstmals plastisch nach Art eines Grabdenkmals durch: mit preußischen Adlern, Inschriften, Wappen, Rüstungen, Königskronen, Krönungsmantel, Porträtmedaillons, Personifikationen und Reliefs mit Tugenddarstellungen und Szenen aus dem Leben des Herrscherpaars – für Gräber typische Themen zur Verherrlichung der Verstorbenen. Ein Beispiel aus dem 19. Jh. ist das marmorne Grabdenkmal für Kaiser Friedrich III. von Reinhold Begas (1888). In der **Domsammlung** werden Architekturmodelle zu den Planungen des 19. Jh.s ausgestellt.

Museumsinsel (II F/G1/2): Auf dem nördlichen Teil der ◆ Spreeinsel ist zwischen 1823 und 1930 ein weltweit einzigartiges historisches Ensemble aus fünf Museen entstanden, das 1999 in die Liste des Weltkulturerbes der UNESCO aufgenommen wurde. Hier finden sich nicht nur international herausragende Sammlungen zur ägyptischen, vorderasiatischen und islamischen sowie zur europäischen Kunst von der Vor- und Frühgeschichte und der Antike bis ins 19. Jh. Auch die Museumsbauten selbst bilden einen architektonisch einmaligen Komplex von hohem städtebaulichem Wert. Den Auftakt machte 1823 das später sogenannte Alte Museum von Karl Friedrich Schinkel, ohne dass damals schon weitere Museumsbauten auf der Spreeinsel geplant waren. Aber da sich schon bald nach seiner Eröffnung wegen der stetig wachsenden Kunstsammlungen die Notwendigkeit für zusätzlichen Ausstellungsraum abzeichnete, entschloss sich König Friedrich Wilhelm IV. 1841, so sein Erlass, »die ganze Spreeinsel hinter dem (Alten) Museum zu einer Freistätte für Kunst und Wissenschaft umzuschaffen« – ein Projekt, mit dem der Monarch den Forderungen des aufgeklärten Bürgertums nach öffentlich zugänglichen Kunstsammlungen nachkam und Berlin mit den großen Museumslandschaften in London, Paris und Rom konkurrenzfähig machen wollte. In Zusammenarbeit mit dem König entwickelte der Schinkelschüler Friedrich August Stüler ein Gesamtkonzept für ein Museumsquartier auf der Spreeinsel: Diesem Plan folgten das Neue Museum und die Nationalgalerie, heute Alte Nationalgalerie, mit den vorgelagerten Kolonnaden, während das Kaiser-Friedrich-Museum, heute Bode-Museum, und das Pergamonmuseum, die beide erst nach dem Bau der Berliner Stadtbahn über die Museumsinsel (1880er Jahre) entstanden, nicht mehr dem Konzept Stülers von 1841 entsprechen. Nach schweren Zerstörungen im Zweiten Weltkrieg setzte man bis auf das besonders schwer getroffene Neue Museum alle Bauten instand. Aber die Sammlungen waren zwischen Ost- und West-Berlin verstreut. Nach der Wiedervereinigung und der Zusammenführung der Sammlungen aus beiden Teilen der Stadt wurde 1999 der »Masterplan Museumsinsel« für eine Neukonzeption des gesamten Areals unter der Federführung des britischen Architekten David Chipperfield entwickelt: Neben dem Wiederaufbau des Neuen Museums und der Sanierung und Umgestaltung der übrigen historischen Bauten nach denkmalpflegerischen und modernen museumstechnischen Kriterien durch unterschiedliche Architekturbüros wird die unterirdische Archäologische Promenade angelegt, die (ohne die Alte Nationalgalerie) künftig die archäologischen Sammlungen miteinander verbindet und übergreifende Themen der antiken Kultur präsentiert. Der Neubau der James-Simon-Galerie bildet den neuen Haupteingang zur Museumsinsel. Alte Nationalgalerie mit Kolonnadenhof, Neues Museum, Bode-Museum und James-Simon-Gale-

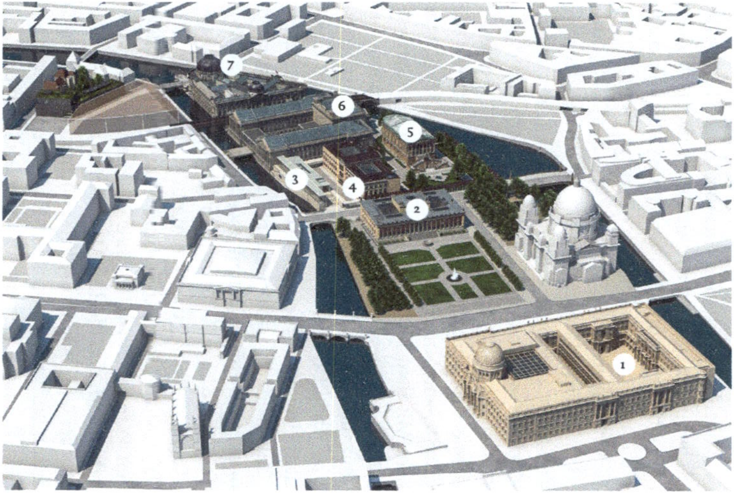

1 Scchloss / Humboldt Forum
2 Altes Museum
3 James-Simon-Galerie
4 Neues Museum
5 Alte National-galerie
6 Pergamon-museum
7 Bode-Museum

Länger als ein halbes Jahrhundert waren die Schätze dieser Museen erst ausgelagert wegen des Bombenkriegs, dann provisorisch verstreut, nun sind sie fast alle wieder auf Berlins Museumsinsel vereint – eine der glänzendsten Kunstsammlungen weltweit.

rie sind bereits fertiggestellt, der Ausbau des Pergamonmuseums soll 2037 beendet sein. Nach Abschluss der Arbeiten werden auf der Museumsinsel acht Sammlungen zur Kunstgeschichte Europas und der angrenzenden Regionen mit Schwerpunkt auf den antiken Hochkulturen zu sehen sein.

Altes Museum / Antikensammlung (II F2): Das 1823–30 nach Entwürfen von Karl Friedrich Schinkel angelegte Gebäude, eine Inkunabel klassizistischer Architektur, gehört zu den ersten und bedeutendsten Museumsbauten Deutschlands. Anlass für die Gründung eines Museums waren die Rückkehr der 1806 von Napoleon nach Paris verschleppten Kunstwerke der preußischen Könige und die Ankäufe bedeutender Sammlungen aus England und Rom. Angeregt von der Idee der Aufklärung, Kunst als allgemeines Bildungsgut zu betrachten, sollten die Schätze nun nicht mehr in Schlössern verborgen bleiben, sondern den Bürgern zugänglich gemacht werden – ein Leitgedanke, den schon die große Inschrift an der Fassade verkündet. In diesem Sinn ist auch die Wahl des Bauplatzes zu verstehen: Mit dem Museum schuf Schinkel ein bürgerlich-kulturelles Gegengewicht zum höfischen Ensemble aus Schloss, Dom und Zeughaus. Wie bei anderen Werken verband Schinkel Architekturformen der griechischen und römischen Antike: Hinter der breiten Fassade mit monumentaler ionischer Säulenvorhalle nach Art der Stoa in Athen verbirgt sich ein doppelgeschossiger Bau mit zwei Innenhöfen zu beiden Seiten einer mittleren Rotunde nach dem Vorbild des Pantheons in Rom – dieser zentrale Raum mit umlaufender Säulenreihe, Galerie und kassettierter Kuppel mit Oberlicht bildet nicht nur den ›Verteiler‹ für die Erschließung der Ausstellungsräume, sondern auch den ideellen Mittelpunkt des Museums, der den Besucher – für Schinkel äußerst wichtig – in die angemessene Stimmung zum Genuss der Kunstwerke versetzen soll. Das ehemals offene, seit 1991 aber verglaste Treppenhaus hinter der Säulenvorhalle zählt zu den spektakulärsten Raumschöpfungen Schinkels, mit einem fließenden Übergang vom Außen- zum Innenraum und einem wunderbaren Ausblick von der oberen Halle auf die Stadtlandschaft. Der Skulpturenschmuck des Außenbaus greift antike Themen auf, so etwa die »Amazone mit Panther« (1837–42 von August Kiss) und der »Löwenkämpfer« (1854–61 nach Entwürfen von Christian Daniel Rauch) an der Freitreppe, ferner die preußischen Adler auf dem Dach der Vorhalle und die »Rossebändiger« auf dem Dach der Rotunde. Nach den schweren Beschädigungen im Zweiten Weltkrieg hat man den Außenbau sowie das Treppenhaus und die Rotunde im Inneren rekonstruiert, die Ausstellungsräume aber modern gestaltet. Ursprünglich für verschiedene Kunstgattungen angelegt, beherbergt das Museum seit 1904 und erneut seit der Wiedervereinigung die **Antikensammlung** der Staatlichen Museen zu Berlin, mit herausragenden Werken der griechischen und römischen Kunst, sowie eine der größten etruskischen Sammlungen außerhalb Italiens, die in neuer Präsentation einen Gesamtüberblick über die Kunst der Antike bieten: Vasen, Gold- und Silberschmuck, Gemmen und Kameen, Glas, Münzen und Skulpturen, Porträts und Sarkophage, darunter der »Kouros von Didyma«, der »Speerträger« und die »Amazone« von Polyklet, die »Berliner Göttin«, der »Betende Knabe«, die »Amphora des Berliner Malers«, die »Thronende Göttin aus Tarent«, der »Hildesheimer Silberschatz« und die Porträtbüsten von Caesar und Kleopatra. Die vor der Freitreppe aufgestellte Granitschale von sieben Metern Durchmesser, damals die größte ihrer Art, schuf 1827–31 Gottlieb Christian Cantian aus einem Findling.

James-Simon-Galerie (II F1/2): 2013–19 ist entlang des Kupfergrabens zwischen Pergamonmuseum und Neuem Museum nach dem Entwurf von David Chipperfield ein modernes Eingangsgebäude entstanden. Es führt in die Museen und

James-Simon-Galerie

macht den **Rundgang Antike Architekturen** sowie die **Archäologische Promenade** zugänglich, die neuen Verbindungen zwischen den Großarchitekturen des Pergamonmuseums und den verschiedenen archäologischen Sammlungen. Chipperfield orientierte sich an der langgestreckten Grundform des Packhofs, eines Lagergebäudes von Schinkel, das bis 1930 hier stand. Das – neben der großen Freitreppe – beherrschende Architekturmotiv, die Aneinanderreihung filigraner ›Stäbe‹, entwickelte er aus den angrenzenden Kolonnaden des Neuen Museums und der Alten Nationalgalerie, ohne jedoch deren traditionelle Bauformen zu kopieren. Der Name des Gebäudes erinnert an den bedeutenden Mäzen, der durch Baumwollhandel in den USA zu Wohlstand gelangte und den Berliner Museen zu Beginn des 20. Jh.s u. a. die Grabungsfunde aus Tell el-Amarna mit der Büste der Nofretete sowie seine Sammlungen von Renaissancekunst und Kunstgewerbe vermachte.

Neues Museum (II F1–2): 1843–55 errichtete der Schinkelschüler Friedrich August Stüler den ersten Bau seines Gesamtplans der Museumsinsel für die Sammlungen, die im Alten Museum keinen Platz mehr fanden. Das wichtigste Bauvorhaben König Wilhelms IV. und Hauptwerk des Architekten war vor allem ein bedeutendes Beispiel neuer industrialisierter Bautechniken: Hinter der klassizistischen Architektur verbergen sich eine skelettartige Eisenkonstruktion und standardisierte Bauteile – damals als erstes Beispiel dieser Art in Preußen eine Sensation, die nicht nur Bauzeit und Kosten sparte, sondern in erster Linie durch die Notwendigkeit bedingt war, die Gebäudelast auf dem schlechten Baugrund der Spreeinsel zu verringern. Erstmals kam auch eine Dampfmaschine zum Einsatz, die die Pfähle in den Boden rammte. Der um zwei Innenhöfe angelegte Bau wird außen durch einen Mittelrisalit für das Treppenhaus und durch überkuppelte Eckpavillons akzentuiert. Das bildhauerische Programm des Außenbaus von verschiedenen Berliner Bildhauern thematisiert den Bildungsauftrag des Museums, so etwa am Ostgiebel »Die Geschichte unterweist die Baukunst, Bildhauerei, Malerei, und Grafik« (1854, Friedrich Drake) oder am Westgiebel »Die Kunst unterweist Industrie und Kunstgewerbe« (Zinkgussrelief, 1862, August Kiß). Die einst reiche Innenausstattung war stilistisch auf die ägyptischen, griechischen und römischen Ausstattungsstücke abgestimmt – museumsgeschichtlich das erste Beispiel dieser Art. Nach schweren Kriegszerstörungen ließ man die Ruine so lange stehen, bis Teile abgetragen werden mussten. Nachdem man den 1986 gefassten Plan einer originalgetreuen Rekonstruktion nach der Wiedervereinigung aufgegeben hatte, erhielt der britische Architekt David Chipperfield 1997 den Auftrag zu einer »ergänzenden Wiederherstellung«. Nur die noch vorhandene historische Bausubstanz wurde restauriert oder je nach Ausmaß der Zerstörung ergänzt, zugleich ließ man aber auch ruinöse Bruchstücke sichtbar und – das ist die

Besonderheit – ergänzte die völlig verloren gegangenen Teile durch moderne Neubauten, die sich nur in Form und Raumvolumen anpassen, ohne im Detail originalgetreu zu imitieren: Die Geschichte des 2009 fertiggestellten Baus sollte ablesbar bleiben – eine Lösung, die viele Kritiker als gelungene Collage feiern, jedoch bei den Befürwortern einer Totalrekonstruktion, vor allem des einst spektakulären Treppenhauses mit Wandfresken von Wilhelm von Kaulbach, auf Kritik stößt. Trotz der großen Verluste zählen die original erhaltenen Innenräume zu den wichtigsten verbliebenen Beispielen von Museumsausstattungen des 19. Jh.s in Deutschland. Hier sind heute beheimatet: **Ägyptisches Museum und Papyrussammlung**, eine der weltweit wichtigsten Sammlungen mit Werken der altägyptischen und nubischen Kultur von 3000 v. Chr. bis in die Zeit der Römer. Gezeigt werden Statuen, Reliefs, Handschriften und Wandmalereien aus den Grabkammern der Pyramiden, darunter bedeutende Funde aus der Residenzstadt Tell el-Amarna wie die Porträtköpfe der Herrscherfamilie, darunter die berühmte »Büste der Nofretete« mit original erhaltener Bemalung (14. Jh. v. Chr.), ferner das »Porträt der Königin Teje«, mit Reliefs ausgestattete Kultkammern, der »Berliner Grüne Kopf«, zahlreiche Rundplastiken und Schriften wie der »Papyrus Westcar«; ferner ist hier das **Museum für Vor- und Frühgeschichte** untergebracht, mit Kunst und Kultur Europas und der angrenzenden Regionen von der Altsteinzeit über die Bronze- und Eisenzeit bis ins Mittelalter; die Sammlung wird ergänzt durch Kunstwerke aus der Antikensammlung, wie die Silbergefäße aus Heinrich Schliemanns »Schatz des Priamos« aus Troja (die Originale des Goldschatzes befinden sich seit dem Zweiten Weltkrieg in Russland), Faustkeile, der »Schädel des Neandertalers« von Le Moustier, der »Berliner Goldhut« (1000–800 v. Chr.) und der »Brustpanzer von Stična« (7./6. Jh. v. Chr.).

Eduard Gärtner, »Ägyptisches Museum« (zerstört), 1862. Berlin, Neues Museum

Die **Alte Nationalgalerie** (II F1) von 1866–76, einer der wichtigsten Museumsbauten des 19. Jh.s, erhebt sich wie ein Ruhmestempel auf hohem Sockel weithin sichtbar über die Museumsinsel. Der verantwortliche Architekt Friedrich August Stüler orientierte sich weniger an Museumsarchitektur als vielmehr am Denkmal zu Ehren Friedrichs des Großen von Friedrich Gilly (1797, unausgeführt) sowie an der Ruhmeshalle Walhalla an der Donau von Leo von Klenze. Denn hier sollte nicht nur eine »National-Galerie« für die damals zeitgenössische deutsche Kunst entstehen, sondern auch ein Denkmal der neuen patriotischen Gesinnung – gemäß der vom König veranlassten Fassadeninschrift »Der deutschen Kunst«. Der Museumsbau ist nach Art eines römischen Podiumstempels mit offener Säulenhalle und Dreiecksgiebel an der Vorderseite angelegt. Bis 1880 kamen noch die Kolonnaden hinzu, die das Gebäude und die umliegende Freifläche einfassen. Auf der imposanten Freitreppe steht das Reiterstandbild von König Friedrich Wilhelm IV., 1886 von Alexander Calandrelli nach einem Entwurf von Gustav Blaeser gegossen. Nach dem Motto der Fassadeninschrift ist das übrige Skulpturenprogramm der Verherrlichung nationaler Kunst gewidmet, so etwa die Giebelfiguren »Germania als Beschützerin der Künste« oder der Fries in der Säulenvorhalle mit der Entwicklungsgeschichte der deutschen Kunst. Als Hugo von Tschudi Ende des 19. Jh.s als erster europäischer Museumsdirektor auch Werke französischer Impressionisten ankaufte, entbrannte ein heftiger Streit mit Kaiser Wilhelm II., der diesen Stil als »Rinnsteinkunst« verschmähte – bis Tschudi nach München ging. Nach der Generalsanierung 1998–2001 durch das Architekturbüro HG Merz beherbergt das Museum, zum Teil in prachtvollen historischen Innenräumen, eine der schönsten und bedeutendsten Sammlungen der Kunst des 19. Jh.s, mit Gemälden und Skulpturen aller wesentlichen Kunstströmungen zwischen der Französischen Revolution und dem Ersten Weltkrieg, wie Klassizismus, Romantik, Biedermeier, Realismus, Impressionismus und beginnende Moderne, darunter die Fresken der Nazarener für die Casa Bartholdy in Rom, Hauptwerke von Caspar David Friedrich (»Mönch am Meer«), Karl Friedrich Schinkel (»Gotischer Dom auf einem Felsen am Meer«) und Carl Blechen, Landschaften von Joseph Anton Koch und Carl Rottmann, ferner Gemälde von Edouard Manet (»Im Wintergarten«), Claude Monet, Arnold Böcklin (»Toteninsel«), Max Liebermann und Adolph Menzel (»Eisenwalzwerk, Balkonzimmer, Flötenkonzert«) sowie Skulpturen von Johann Gottfried Schadow wie die berühmte »Prinzessinnengruppe« und von Christian Daniel Rauch, Berthel Thorvaldsen und Antonio Canova.

Adolf Menzel, »Das Balkonzimmer«, 1845 Alte Nationalgalerie

Pergamonmuseum (II F1): Als letzter Bau auf der Museumsinsel entstand diese wuchtige Dreiflügelanlage, einer der ersten Bauten des Berliner Neoklassizismus. Er wurde 1909–30 auf Anregung von Wilhelm von Bode, damals Generaldirektor der Berliner Museen, nach Entwürfen von Alfred Messel und Ludwig Hoffmann errichtet. Hier sollten vor allem die spektakulären Funde deutscher Archäologen aus dem Vorderen Orient und den griechischen Städten Kleinasiens ausgestellt werden, insbesondere die aus Originalteilen im Maßstab 1:1 rekonstruierten Großbauten, wie der hellenistische »Pergamonaltar« (2. Jh. v. Chr.) – Hauptattraktion des Museums –, das römische »Markttor von Milet«, das »Ischtar-Tor« samt Prozessionsstraße aus Babylon und die »Mschatta-Fassade«. Dieses erste **Architekturmuseum** der Welt war damals eine Sensation – und ist es noch heute. Allerdings wurden von Anfang an auch kritische Stimmen laut, die den Abtransport der Bauteile aus den Ursprungsländern angriffen, auch wenn diese dazu die Genehmigung erteilt hatten. In Anlehnung an die ursprüngliche Konzeption beherbergt das Museum heute auch Teile der **Antikensammlung** mit griechischen und römischen Skulpturen sowie weiteren Bauten aus Milet und Priene. Außerdem befinden sich hier: das **Vorderasiatische Museum**, neben dem Louvre in Paris und dem British Museum in London eine der weltweit bedeutendsten altorientalischen Sammlungen mit Werken aus 6000 Jahren der sumerischen, babylonischen, assyrischen und nordsyrisch-anatolischen (heute Irak, Syrien und Türkei) Kunst und Kultur, darunter die Tempelfassaden aus Uruk (3. und 2. Jt. v. Chr.), die »Thronsaalfassade des Königs Nebukadnezar II.« (6. Jh. v. Chr.), Tontafeln und Siegel, die die Anfänge der Schriftentwicklung im 4. Jt. v. Chr. dokumentieren; die assyrischen Palastreliefs aus Kalchu (9. Jh. v. Chr.); das **Museum für Islamische Kunst** mit Werken der islamischen Völker des 8. bis 19. Jh.s von Spanien bis Indien, mit Schwerpunkten im Vorderen Orient einschließlich Ägyptens und des Iran, darunter die »Adleraquamanile« (um 800), die »Alhambra-Kuppel« (14. Jh.), das »Aleppo-Zimmer« (um 1600) und herausragende Beispiele der Keramik und Buchkunst sowie Teppiche. Seit 2012 erfolgt nach Plänen des Kölner Architekten Oswald Mathias Ungers eine Grundinstandsetzung und Erweiterung um einen Eingangstempietto und einen vierten Flügel für die ägyptischen Monumente »Kalabscha-Tor«, »Sahu-Rê-Tempel« und »Tell-Halaf-Fassade«, so dass entlang des einzigartigen **Rundgangs Antike Architekturen** alle antiken Großarchitekturen des Alten Ägypten, Vorderasiens, Griechenlands und Roms sowie des islamischen Kulturraums erlebbar werden. Voraussichtlich bis 2027 bleibt der Saal mit dem »Pergamonaltar« wegen umfangreicher Sanierungsarbeiten geschlossen, andere Teile des Museums, u.a. mit dem »Ischtar-Tor«, eröffnen erst 2037 wieder. Einzelne Ausstellungsstücke jedoch sind in einem temporären Ausstellungsgebäude zu entdecken (s. S. 187).

Das **Bode-Museum** (II F1) wurde 1897–1904 auf Betreiben des Kunsthistorikers und späteren Direktors Wilhelm von Bode für die von ihm aufgebaute Sammlung von Renaissancegemälden und -skulpturen auf der nördlichen Spitze der Spreeinsel erbaut. Der vom Hofarchitekten Ernst von Ihne entworfene schlossartige Bau mit mehreren Innenhöfen erhebt sich direkt aus dem Wasser und ist stilistisch dem von Kaiser Wilhelm II. bevorzugten Neobarock verpflichtet: Die Gebäudespitze mit dem Eingangsbereich ist effektvoll abgerundet, von Halbsäulen plastisch gegliedert und von einer Kuppel bekrönt. Der Zugang erfolgt über die eigens angelegte Monbijoubrücke. Im Inneren spannt sich die Kuppel über den weiträumigen Eingangsbereich mit Treppenanlage, zugleich eine Ruhmeshalle der Hohenzollern mit der Kopie des Reiterdenkmals des Großen Kurfürsten Friedrich Wilhelm von Andreas Schlüter (Sockel: Original; Reiter: Kopie – das Original steht im Hof von

Schloss Charlottenburg). Für die verschiedenen historischen Stilen nachempfundenen Räume wie die »Basilika« nach dem Vorbild Florentiner Renaissancekirchen entwickelte Bode ein damals völlig neues Ausstellungskonzept, das anstelle der üblichen Trennung der einzelnen Kunstgattungen Gemälde, Skulpturen, Möbel und kunsthandwerkliche Objekte gemeinsam präsentierte und sie durch Einbauten von originalen Fußböden, Portalen, Kaminen und Decken ergänzte, um ein Ambiente zu schaffen, das die Atmosphäre der Entstehungszeit der Objekte vermittelt – eine Lösung, die aus großbürgerlichen Privatsammlungen der Zeit stammte und in der Museumswelt großen Anklang fand, aber wegen der Überfülle der Objekte auch Kritik hervorrief. Nach der Sanierung des Baus 1997–2006 beherbergt das Museum die international bedeutende und in Deutschland einzigartige **Skulpturensammlung** mit Werken vom Mittelalter bis ins 18. Jh., darunter ein Schwerpunkt in der italienischen Frührenaissance, vertreten durch Werke wie farbig glasierte Terrakotten von Luca della Robbia, die »Pazzi-Madonna« von Donatello und Porträtbüsten von Desiderio da Settignano, Francesco Laurana und Mino da Fiesole; ferner Skulpturen der europäischen Spätgotik, darunter Werke von Tilman Riemenschneider, Hans Multscher und Hans Leinberger oder die »Schutzmantelmadonna aus Ravensburg« von Michel Erhart; außerdem Alabaster- und Elfenbeinstatuetten aus Renaissance und Barock. Da man an Bodes Konzept der gattungsübergreifenden Präsentation nach der Sanierung wieder anknüpfen wollte, sind zusammen mit den Skulpturen ausgewählte Beispiele von Gemälden Alter Meister ausgestellt. Das **Museum für Byzantinische Kunst** besitzt eine in Deutschland einzigartige Sammlung spätantiker und byzantinischer Kunstwerke und Alltagsgegenstände vom 3. bis 15. Jh. aus fast allen Gebieten des Mittelmeerraums, darunter spätantike Sarkophage aus Rom, Skulpturen, Elfenbeinschnitzereien und Mosaikikonen aus Byzanz. Das **Münzkabinett** besitzt Deutschlands größte Sammlung von Münzen und Medaillen von der Antike bis heute.

Vom Schloss zum Gendarmenmarkt

Schloss (auch: Stadtschloss) / Humboldt Forum (II F/G2): ◆ Der ehemalige Wohn- und Regierungssitz der Hohenzollernherrscher hat jahrhundertelang das Stadtbild Berlins geprägt und war einer der bedeutendsten barocken Residenzbauten in Europa. Nach der Zerstörung im Zweiten Weltkrieg und dem Abbruch der Ruine 1950 steht heute ein rekonstruierter Nachbau mit neuer Nutzung als Humboldt Forum. Die Geschichte des Schlosses beginnt 1443, als Kurfürst Friedrich II. in der damals noch unbedeutenden Doppelstadt Cölln-Berlin eine festungsartige Burg zur Kontrolle der Handelswege, die durch die beiden Orte führten, anlegte. Unter den Kurfürsten Joachim II. und Johann Georg wurde im 16. Jh. die mittelalterliche Burg zu einem Renaissanceschloss umgebaut. Der Große Kurfürst Friedrich Wilhelm ließ Mitte des 17. Jh.s, nach dem Dreißigjährigen Krieg, nicht nur das Schloss umgestalten, sondern auch die lange Straßenachse Unter den Linden anlegen, die Grundlage für die städtebauliche Bedeutung des Schlosses. Erst unter Friedrich III. begann Ende des 17. Jh.s der Ausbau zur barocken Residenz, die sich mit anderen europäischen Herrschersitzen messen konnte und auch für den Wiederaufbau im 21. Jh. maßgeblich blieb. Dieser Barockbau, im Wesentlichen ein Werk von Andreas Schlüter, seit 1699 Schlossbaumeister, sollte den Anspruch des Kurfürsten auf eine Rangerhöhung zum König Friedrich I. in Preußen zum Ausdruck bringen – die er 1701 tatsächlich erreichte. Unter dem Einfluss italienischer und französischer Vorbilder baute Schlüter das alte Renaissanceschloss zu einer monumentalen Vierflügelanlage aus, mit prächtigen, einheitlichen Fassaden am Außenbau und im Hof, einem repräsentativen Treppenhaus und prunkvoll ausgestatteten Innenräumen. Auf der Seite zur Spree wurde der unregelmäßig gewachsene Altbau integriert, der bis zum Abbruch 1950 bestehen blieb. Nach der Entlassung Schlüters 1706 wegen Einsturzgefahr des von ihm ausgebauten Münzturms an der Nordwestecke erweiterte der neue Baudirektor Johann Friedrich Eosander von Göthe bis 1716 das Schlossgebäude nach Westen um einen weiteren Innenhof auf den doppelten Umfang, orientierte sich stilistisch aber an Schlüters Architektur. 1845–53 kam lediglich noch die schon von Eosander vorgesehene Kuppel auf dem stadtseitigen Flügel im Westen nach Entwürfen von Karl Friedrich Schinkel und Friedrich August Stüler hinzu. Nach dem Ende der Monarchie 1918 machte man die kunsthistorisch bedeutenden Innenräume des Barock und des Klassizismus museal zugänglich und brachte hier das Kunstgewerbemuseum unter. Obwohl der Bau im Zweiten Weltkrieg ausbrannte, blieben die Außenmauern weitgehend stehen – das Schloss war weit weniger zerstört als manch anderes Gebäude, etwa das Charlottenburger Schloss oder die Münchner Residenz, und wäre mit vergleichsweise geringem Aufwand wiederherzustellen gewesen. Dennoch beschloss die DDR-Regierung 1950 aus ideologischen Gründen trotz massiver Proteste die Sprengung der Ruine – das Symbol des preußischen Feudalismus sollte einem gigantischen Aufmarschplatz weichen. 1973–76 entstand auf dem Areal der Palast der Republik, Sitz der Volkskammer der DDR.

Nach dem Fall der Mauer 1989 kamen erstmals Forderungen nach einem Wiederaufbau des Schlosses auf, eine Idee, die zunächst utopisch erschien, im Laufe der Zeit aber immer mehr Anhänger fand, auch unter prominenten Publizisten, Kunsthistorikern, Historikern und Politikern – aber auch ebenso vie-

Schloss und Schlossplatz mit dem Reiterstandbild des Großen Kurfürsten, 1896

le Gegner auf den Plan rief, insbesondere unter den Architekten, von denen viele für den Ausbau des Palastes der Republik oder für einen totalen Neubau in zeitgenössischen Formen plädierten. Ein Umdenken in der jahrelang heftig geführten »Schlossdebatte« bewirkte die originalgroße Attrappe, ein Stahlgerüst mit auf Planen gemalten barocken Schlossfassaden, das 1993 auf Initiative des inzwischen gegründeten Fördervereins Berliner Schloss e. V. und seines Vorsitzenden Wilhelm von Boddien errichtet wurde. Denn nun offenbarte sich die städtebauliche Bedeutung des Schlosses: Es bildete den architektonischen Bezugspunkt für die umliegenden Gebäude und Straßen. Im Jahr 2002 sprach sich eine internationale Expertenkommission, die sich mit Fragen der Gestaltung und der Funktion eines möglichen Gebäudes auf dem Schlossareal beschäftigte, für eine Teilrekonstruktion des Schlosses und eine Nutzung als Kunst- und Kulturstätte unter dem Namen »Humboldt Forum« aus. Im Juli 2002 stimmte der Deutsche Bundestag mit deutlicher Mehrheit für den historischen Wiederaufbau des Schlosses. 2006–09 wurde der inzwischen asbestsanierte Palast der Republik abgerissen. Aus dem Wettbewerb für das Schloss ging 2008 der bis dahin wenig bekannte italienische Architekt Franco Stella als eindeutiger Sieger hervor. Für die Detailplanung und Ausführung 2013–19 wurden die Architekturbüros Hilmer & Sattler und Albrecht sowie von Gerkan, Marg und Partner hinzugezogen. In enger Anlehnung an die Vorgaben des Bundestages rekonstruierte Stella die ursprüngliche Kubatur des Baukörpers, mit drei originalgetreuen äußeren Barockfassaden sowie drei Seiten des Schlüterhofs, während der Rest modern gestaltet ist. Die heterogene historische Spreefront ersetzte er durch einen modernen Flügel in vereinfachten, an Schlüter orientierten Formen. Anstelle des großen Eosanderhofs ist durch Einfügung eines zweiten Quertrakts ein langgestreckter, öffentlicher Durchgang, das »Schlossforum« zwischen zwei rekonstruierten barocken Portalen, sowie ein über alle Geschosse reichender Versammlungsraum, die »Agora« mit umlaufenden Galerien und dem triumphbogenartigen Barockportal Eosanders, entstanden. Alt und Neu stehen unvermittelt nebeneinander und fügen sich nur schwer zu einem harmonischen Ganzen. Aber insgesamt versuchen Stellas moderne Bauformen der Barockarchitektur keine Konkurrenz zu machen. Daher kann man nun, wenn auch in Kopie, die Wirkung von Schlüters Außenfassaden mit den plastischen Fensterrahmungen und den unterschiedlich gestalteten Risaliten nachvollziehen, insbesondere an der architekturgeschichtlich bedeutenden Front zum Schlossplatz im Süden mit kolossalen Freisäulen. Nicht minder eindrucksvoll präsentiert sich Eosanders beruhigtere Fassade im Westen mit dem säulengeschmückten Portal nach dem Vorbild antiker Triumphbögen und der mächtigen Kuppel des 19. Jh.s (dass auch deren christliche Elemente Kreuz und Inschrift mit Bibelspruch rekonstruiert wurden, hat die Gemüter erregt). Und auch der Schlüterhof mit den zweigeschossigen Galerien und den monumentalen, durch Freisäulen und Pilaster artikulierten Risaliten lässt etwas vom barocken Glanz erahnen. Diese Rekonstruktion des Schlosses, die nach wie vor keine einhellige Zustimmung findet, war nur möglich dank der ungewöhnlich guten Dokumentation des Originalbaus in Bildern und Plänen und der akribischen Arbeit von engagierten Steinbildhauern, die den Bauschmuck nachgebildet haben. Die Kosten von fast 680 Millionen Euro hat zum größten Teil der Bund übernommen, unterstützt vom Land Berlin und großzügigen privaten Spendern.

Das **Humboldt Forum** im neu errichteten Schloss vereint unter seinem Dach verschiedene Institutionen aus Kunst, Kultur und Wissenschaften, die sich – ganz im Sinn der »kosmopolitischen Weltsicht« der namengebenden Gebrüder Humboldt – den Beziehungen zwischen den Weltkulturen widmen. Darin ergänzt das Humboldt Forum die Museumsinsel mit ihren Kunstschätzen Europas und des Nahen Ostens. Die Verbindung von Kunst und Wissenschaften erinnert an die ›gemischten‹ fürstlichen Kunst- und Wunderkammern des 16. Jh.s, wie sie auch das Berliner Schloss besaß, die Keimzelle der späteren Museen. Im schlichten modernen Inneren, das 2021/22 in Etappen eröffnet wurde, befinden sich: der **Schlosskeller** mit den einzigen erhaltenen originalen Mauerresten des Schlosses und den ältesten Zeugnissen zur Geschichte des Ortes; der **Skulpturensaal** mit einigen erhaltenen Skulpturen des historischen Schlosses, u. a. von Andreas Schlüter; die **Ausstellung »Berlin Global«**, die sich anhand von Themen wie Migration oder Revolution den Beziehungen der Stadt zur Welt widmet; das **Humboldt-Labor** zur Vermittlung von aktuellen wissenschaftlichen Fragen an eine breite Öffentlichkeit; das **Museum für Asiatische Kunst** mit einer international bedeutenden Sammlung von Kunstwerken aus Süd-, Südost- und Zentralasien sowie aus China, Japan und Korea vom 5. Jt. v. Chr. bis in die Gegenwart, mit besonderen Schwerpunkten in den Bereichen der frühindischen Skulptur, zentralasiatischer Wandmalereien und Skulpturen aus den buddhistischen Tempeln an der Seidenstraße sowie japanischer Malerei und ostasiatischer Lackkunst; das **Ethnologische Museum**, eines der größten und bedeutendsten seiner Art weltweit, bislang in Dahlem beheimatet, mit kunsthistorischen Objekten, Fotodokumenten, Schriftstücken, Film- und Tonaufnahmen zu Afrika, den indigenen Kulturen Amerikas, Asiens, der Südsee und Australiens sowie Objekten zur Musikethnologie – berühmt sind etwa die »Benin-Bronzen« und Elfenbeine, Holzfiguren und Masken aus Kamerun, Skulpturen aus dem Kongo sowie Kleidung aus Namibia, ferner die »Cotzumalhuapa-Stelen« oder das »Luf-Boot«. Da viele Objekte infolge der europäischen Kolonialherrschaft des 19. und frühen 20. Jh.s ihren Ursprungsort, v. a. den afrikanischen Kontinent, verließen, sind die ethnologischen Sammlungen im Zuge der postkolonialen Debatte in die Kritik geraten: Die Objekte gelten als unrechtmäßig erworbene »Raubkunst«. Daher sind Forderungen nach einer kritischen Auseinandersetzung mit den Folgen des Kolonialismus und nach der Rückgabe von Kunstwerken an die Ursprungsländer laut geworden. Die Museen versuchen, auf diese Debatte zu reagieren, etwa durch die teilweise Rückgabe der »Benin-Bronzen«, aber die langfristigen Konsequenzen für die Sammlungsbestände und deren Präsentation lassen sich noch nicht absehen.

Das **Freiheits- und Einheitsdenkmal »Bürger in Bewegung«**, (II F2) das nach einem Entwurf des Designers Johannes Milla und der Choreographin Sasha Waltz auf dem Sockel des früheren Kaiser-Wilhelm-Nationaldenkmals vor dem Schloss errichtet wird, erinnert an die friedliche Revolution von 1989 und die deutsche Wiedervereinigung – ist aber umstritten. Besucher werden die riesige begehbare Schale durch Betreten wie eine Wippe in Bewegung setzen können.

Der **Marstall** (II G2) setzt sich aus zwei Gebäudeteilen zusammen: Der schlichte **Alte Marstall** (Breite Straße 36/37) wurde 1666–70 vom niederländischen Architekten Michael Matthias Smids wahrscheinlich nach Plänen von Johann Gregor Memhardt für die Pferde, Kutschen, Schlitten und Geschirre des kurfürstlichen Hofes errichtet; er ist der einzige erhaltene frühbarocke Bau Berlins. 1896–1901 integrierte der Hofarchitekt Ernst von Ihne den erhaltenen Rest des Alten Marstalls in den weiträumigen neobarocken **Neuen Marstall** mit einem doppelgeschossigen Pferdestall und einem öffentlich zugänglichen Saal für alte und neue Fahrzeuge. Nach Kriegsschäden wurde der Bau vereinfacht wiederhergestellt. Die Wandbrunnen an der Hauptfront schmücken seit 1988 Bronzereliefs des DDR-Künstlers Gerhard Rommel mit Karl Marx und Karl Liebknecht.

Das **Ribbeck-Haus** (II G2), das 1624 für den kurfürstlichen Kammerherrn Hans Georg von Ribbeck entstand, ist der einzige erhaltene Renaissancebau in Berlin: Das Gebäude richtet sich nicht mehr, wie im Mittelalter üblich, mit der schmalen Giebelfont auf die Straße, sondern mit einer breit gelagerten Fassade, die von vier mit Voluten verzierten kleinen Giebeln bekrönt wird. Als man Anfang des 19. Jh.s das Haus um ein Geschoss erhöhte (erkennbar an den kleineren Fenstern), wurden die zunächst abgetragenen Giebel auf Befehl des Königs wieder aufgesetzt – ein frühes Beispiel von Denkmalpflege. Beim Wiederaufbau nach den Kriegszerstörungen ersetzte man das reich mit Knorpelwerk, Grotesken, Familienwappen und Sprenggiebel verzierte Portal – für die deutsche Spätrenaissance charakteristische Formen – durch eine Kopie. Im weitgehend modernen Inneren haben sich Räume mit Kreuzgratgewölben erhalten.

House of One (II G2): An der Stelle der zerstörten Petrikirche, wird seit 2021 ein weltweit einmaliges Sakralgebäude errichtet – ein Bet- und Lehrhaus für die drei monotheistischen Religionen der Welt, Christentum, Judentum und Islam, eine Kirche, Synagoge und Moschee zugleich. Der preisgekrönte Entwurf des renommierten Berliner Architekturbüros Kuehn Malvezzi sieht einen Bau ganz aus hellem Ziegel vor: Um einen turmartigen, überkuppelten Zentralraum, dem gemeinsamen Lehrraum, gruppieren sich die Bethäuser der drei Religionen. (Fertigstellung 2028). Das Projekt ist zusammen mit dem **Archäologischen Haus** (s. S. 177; Florian Nagler Architekten) Teil der Pläne zur urbanistischen Neugestaltung des **Petriplatzes**, der Keimzelle des mittelalterlichen Cölln, die die DDR unter der neuen Gertraudenstraße begraben hatte.

Nicolai-Haus (II G2): Die Spuren der historischen Altstadt von Cölln sind seit den Zerstörungen des Zweiten Weltkriegs und dem modernen Wiederaufbau in der DDR nahezu ausgelöscht. Zu den ganz wenigen erhaltenen Zeugnissen gehört das Nicolai-Haus, das 1674 auf mittelalterlichen Grundmauern erbaut wurde und 1710–12 durch den damals für Privatbauten beliebten Architekten Jean de Bodt eine neue, französisch beeinflusste Barockfassade erhielt und zu der typischen Altberliner Hausform um einen Innenhof erweitert wurde. Der heutige Name geht auf den bedeutenden Verleger und Schriftsteller Friedrich Nicolai zurück, der das Gebäude 1787 nochmals umbauen ließ und zu einem kulturellen Zentrum Berlins im Geist der Aufklärung machte.

Ehemaliges Staatsratsgebäude (II G2): Für das oberste Regierungsgremium errichtete die DDR 1962–64 erstmals ein Bauwerk im modernen internationalen Stil, einen steinverkleideten Stahlbetonskelettbau mit großen Fenstern (Roland

Korn), heute das einzige erhaltene Bauwerk des ehemaligen DDR-Regierungszentrums. Die Proportionen des Baus richten sich nach dem aus Originalteilen rekonstruierten Portal IV des Schlosses von Johann Friedrich Eosander von Göthe, das in die Fassade integriert wurde, denn von seinem Balkon hatte Karl Liebknecht am 9. November 1918 die »freie sozialistische Republik« ausgerufen. Bei den Sanierungs- und Umbaumaßnahmen durch HG Merz 2003–05 für die Nutzung durch eine private Hochschule hat man wichtige Innenräume und ihre Ausstattung zum Teil bewahrt, etwa die Eingangshalle mit dem monumentalen Glasfenster mit Szenen aus der Arbeiterbewegung von Walter Womacka.

Bauakademie (II F2): Diese 1832–36 von Karl Friedrich Schinkel errichtete Inkunabel der Architekturgeschichte, die 1961/62 im Zuge der neuen Hauptstadtplanungen der DDR abgerissen wurde, steht seit 2004 als Attrappe am alten Platz. Die von einem Förderverein unterstützte hochgemauerte Gebäudeecke und das ergänzende Gerüst mit vorgehängten Planen mit Fassadenaufdruck führen trotz der nicht mehr original erhaltenen Umgebung anschaulich vor Augen, welche Bedeutung die Bauakademie für Schinkels Neugestaltung des Berliner Zentrums besaß. Der allansichtige, kubische Komplex war zudem in technischer und ästhetischer Hinsicht revolutionär und wegweisend für die Baukunst der Moderne: Die skelettartige Konstruktion aus rasterartig angeordneten, tragenden Pfeilern und Füllwänden bestimmte zusammen mit den seriell angefertigten Sichtziegeln und der Terrakottadekoration die Gestaltung der vier gleichen Fassaden ohne Akzentuierung der Mitte – eine neuartige, aus der Bautechnik entwickelte Ästhetik. Seit der Bewilligung von 62 Millionen Euro durch den Bund im Jahr 2016 ist der Wiederaufbau beschlossene Sache. Aber über die Frage, ob Schinkels Fassaden originalgetreu rekonstruiert werden sollen oder eine zeitgenössische Interpretation des

Backsteinkubus errichtet werden soll, ist man sich noch nicht einig; dazu wird ein Wettbewerb ausgelobt. Zukünftiger Nutzer des Gebäudes wird die Bundesstiftung Bauakademie.

Auswärtiges Amt (II F2): Der Bau, die **ehemalige Reichsbank**, ist nach dem Flughafen Tempelhof das zweitgrößte Gebäude Berlins und war eines der ersten Projekte nationalsozialistischer Baupolitik. Aus einem 1933 ausgeschriebenen Wettbewerb, an dem auch Architekten der Moderne wie Walter Gropius, Ludwig Mies van der Rohe und Hans Poelzig teilnahmen, ging auf Anordnung Hitlers der Reichsbankbaudirektor Heinrich Wolff als Sieger hervor. Sein zur Spree geschwungener Stahlskelettbau mit serieller Steinverkleidung und rasterförmigen Fenstern zeigt noch nicht den typischen nationalsozialistischen Neoklassizismus. Nach Nutzung durch das Zentralkomitee der SED ab 1959 erfolgte 1995–99 durch Hans Kollhoff und Helga Timmermann eine aufwendige Sanierung für das Auswärtige Amt, das nach der Wende hier einzog. Der dem Altbau vorgelagerte Erweiterungsbau von Müller-Reimann Architekten mit verglastem Eingangshof zum Werderschen Markt gilt als gelungenes Beispiel für die Wiederverwendung von baulichem Erbe vergangener undemokratischer Systeme durch Um- und Neubauten.

Friedrichswerdersche Kirche (II F2): Die 1824–31 nach einem Entwurf Karl Friedrich Schinkels am damals dicht bebauten Werderschen Markt errichtete Pfarrkirche übte als erste neugotische Kirche und erster unverputzter Backsteinbau Berlins seit dem Mittelalter großen Einfluss auf die spätere Architektur Preußens aus. Erstmals wurde auch der gesamte bauplastische Schmuck aus gebranntem Ton angefertigt. Nach anfänglichen Projekten in Form eines antiken Tempels entwarf Schinkel schließlich auf Wunsch des Kronprinzen und späteren Königs Friedrich Wilhelm IV. eine Kirche im »Mittelalterstil«, ohne jedoch die »vaterländische«, von hochgotischen Bauten Deutschlands inspirierte Neogotik aufzugreifen. Schinkel entwickelte in freier Kombination verschiedener Vorbilder – mittelalterliche Backsteinarchitektur Norddeutschlands, Kathedralen mit Doppelturmfassaden ohne Spitzhelme und einschiffige College-Kapellen der englischen Gotik sowie schließlich auch antike Bauwerke – eine völlig neue, klassizistisch ›bereinigte‹ Gotik: Anstelle einer vertikal aufstrebenden, skeletthaften Architektur finden wir, besonders außen, einen klar umrissenen Baukörper in einfachen Formen, glatte Wandflächen, schlichte antikisierende Details, stumpfe Türme, schlichte Fialen und ein Flachdach. Im stärker gotisch anmutenden Inneren tragen breite Wandpfeiler, gleichsam nach innen gekehrte Strebepfeiler, vierteilige Kreuzrippengewölbe. Die bei protestantischen Kirchen beliebten Emporen sind zwischen die Wandpfeiler gesetzt und damit in das architektonische Gesamtsystem integriert. Im Unterschied zur Rohziegelbauweise des Äußeren wurden im Inneren Sandsteinquadermauerwerk und Backstein nur aufgemalt. An Bauskulptur sind zu nennen: die gusseisernen Flügeltüren des Doppelportals mit Engelsfiguren nach Modellen von Christian Friedrich Tieck sowie die Figur des hl. Michael von Ludwig Wichmann (ehemals aus Terrakotta, damals eine technische Meisterleistung; heute Kopie aus Bronze). Nach den schweren Beschädigungen von 1945 wurde der Bau zwischen 1982 und 2001 in zwei Restaurierungskampagnen instand gesetzt und als Ausstellungsraum für Skulpturen des Berliner Klassizismus der Nationalgalerie genutzt. 2012 musste die Kirche geschlossen, die Skulpturen in Sicherheit gebracht werden, da die Baugrube für Wohnhäuser mit zweigeschossiger Tiefgarage in unmittelbarer Nachbarschaft (»Kronprinzengärten«) schwere Schäden an der Bausubstanz wie Mauerrisse angerichtet hatte. Trotz massiver Proteste entstand anschließend auch auf der Ostseite eine Wohnbebauung, so dass Schinkels Sakralbau heute eingezwängt zwischen fünf- bis siebengeschossigen Neubauten liegt und seine besonderen Lichtverhältnisse im Inneren verloren gegangen sind. Die freie Lage zu DDR-Zeiten entsprach zwar nicht dem Ursprungszustand, denn schon im 19. Jh. schoben sich Häuser an die Kirche heran, aber sie waren viel niedriger als heute und beeinträchtigten nicht die Wirkung des Bauwerks im Stadtbild. Seit 2020, nach Abschluss der Sanierung, wird hier wieder eine Ausstellung zur Berliner Skulptur des 19. Jh.s gezeigt. Im Zusammenklang mit der Architektur der Zeit entfalten die Werke eine ganz besondere Wirkung.

◆ Der **Gendarmenmarkt** (II F2) mit dem symmetrischen Ensemble aus zwei Kirchen und dem ehemaligen Schauspielhaus zählt zu den schönsten Plätzen Berlins. Der viereckige Platz entstand ab 1688 als Hauptmarkt der damals angelegten Friedrichstadt, wo sich die aus Frankreich geflohenen Hugenotten ansiedelten. Die ab 1701 erbauten Kirchen fielen zunächst schlichter aus, als sie heute sind: Die **Französische Kirche (Französischer Dom)** rechts, von Louis Cayard, war nur ein querovaler Saal mit Emporen nach dem Vorbild der Hugenottenkirche in Charenton bei Paris, die **Deutsche Kirche (Deutscher Dom)** links, von Martin Grünberg, ein polygonaler Zentralbau mit fünf Konchen, eine Weiterentwicklung der Berliner Parochialkirche. Ihre heutige Gestalt erhielten beide Kirchen erst 1780–85 unter Friedrich dem Großen, als Carl von Gontard die Anbauten mit drei Tempelfronten und hohen überkuppelten Rundtürmen mit Säulenstellungen hinzufügte: Architekturen ohne liturgische Funktion, aber von monumentaler, städtebaulicher Wirkung, vielleicht inspiriert von den Zwillingskirchen auf der Piazza del Popolo in Rom und dem Old Royal Naval College in Greenwich, London. Der reiche figürliche Schmuck der Kirchen von Christian Bernhard Rode und Daniel Chodowiecki, bedeutende Skulpturenprogramme des deutschen protestantischen Kirchenbaus, ist thematisch von Ideen der Aufklärung beeinflusst, besonders erkennbar an den Figuren »Sieg der Tugend«

und »Triumph der Religion« auf den Kuppeln. Nach dem Abriss der 1735 angelegten Stallungen für das Regiment »Gens d'armes« – daher der bis heute übliche Name des Platzes – ließ Friedrich der Große eine einheitliche, dreigeschossige Platzbebauung anlegen und das Komödientheater errichten, das 1800–02 durch ein neues Theater und 1817 durch das Schauspielhaus von Karl Friedrich Schinkel ersetzt wurde. Nach schweren Kriegszerstörungen baute man ab 1977 bis nach der Wende die drei Hauptbauten im Äußeren wieder auf und fügte zwischen die wenigen erhaltenen Häuser der Zeit um 1900 eine Bebauung in DDR-Plattenbauweise mit historisierenden Formen ein. 1994–96 wurden die letzten Lücken durch Gebäude geschlossen, die sich am historischen Umfeld orientieren (Josef Paul Kleihues, Max Dudler, Hilmer & Sattler). Der Französische Dom beherbergt das **Hugenottenmuseum**, das in einer 2021 eröffneten, neuen Dauerausstellung anhand von Urkunden, Gemälden, Stichen, Büchern, Handschriften und Medaillen auf zeitgemäße Weise die Geschichte der aus Frankreich geflohenen Protestanten im 17./18. Jh. erzählt. Im 1983–90 und erneut 1993–96 für museale Zwecke modern in Sichtbeton gestalteten Inneren des Deutschen Doms zeigt der Deutsche Bundestag seit 2002 die Ausstellung »Wege, Irrwege, Umwege. Die Entwicklung der parlamentarischen Demokratie in Deutschland«.

Konzerthaus, ehemaliges Schauspielhaus (II F2): Mit dem 1818–21 im Auftrag von König Friedrich Wilhelm III. im Zentrum des Platzes zwischen den beiden Kirchen errichteten Theaterbau hat der verantwortliche Architekt Karl Friedrich Schinkel trotz der schwierigen Bedingungen ein Meisterwerk und einen Schlüsselbau der klassizistischen Architektur Deutschlands geschaffen. Schinkel wusste die Vorgaben des Königs geschickt umzusetzen, die Grundmauern und die Säulen des 1817 abgebrannten Vorgängerbaus wiederzuverwenden und die drei funktional und brandschutztechnisch getrennten

Bereiche Theater- und Opernbau, Konzert- und Festsaal sowie Verwaltungs- und Proberäume, Werkstätten und Depots unterzubringen: Sein entscheidender Einfall war, quer zum längsrechteckigen Bau auf den alten Fundamenten einen erhöhten Mitteltrakt mit vorgelagertem, tempelartigem Säulenportikus und Freitreppe an der Eingangsseite einzufügen, so dass sich ein kreuzförmiger Grundriss und ein pyramidal gestufter Baukörper ergibt, der sich städtebaulich wirkungsvoll auf den Platz ausrichtet. Den Mittelbau nahm das Theater mit Zuschauerraum und Bühne, der linke Seitentrakt den Konzert- und Festsaal, der rechte die Wirtschaftsräume auf. Geradezu revolutionär war das Gliederungssystem des Außenbaus, eine moderne Interpretation des tektonischen Prinzips vom Tragen und Lasten der antiken Baukunst. Anstatt, wie bislang üblich, in die Flächen der Außenwände Fensteröffnungen zu ›schneiden‹, löste Schinkel alle Wände in ein Gliedergerüst aus tragenden Pfeilern und lastendem Gebälk erster und zweiter Ordnung auf: In ein System von großen Pfeilern und Gebälken an den Ecken sind doppelgeschossige kleine Ordnungen von Stützen und Gebälken gesetzt. Die Fenster sind keine Mauerdurchbrüche mehr, sondern Zwischenräume zwischen den Stützen. Der reiche Skulpturenschmuck des Außenbaus von Christian Friedrich Tieck nach Vorgaben Schinkels (nach Kriegszerstörungen teilweise erneuert) zeigt Darstellungen aus der antiken Mythologie mit Bezug zu Musik, Tragödie und Komödie, darunter in den Giebelfeldern »Niobe mit ihren sterbenden Kindern« (Eingangsportikus), »Triumphzug von Bacchus und Ariadne« (Nordseite), »Orpheus und Eurydike« (Südseite). Von Schinkels Bau ist nach den Umgestaltungen des Inneren im 19. und 20. Jh. und nach dem veränderten Wiederaufbau nach den Zerstörungen des Zweiten Weltkriegs nur noch der – originalgetreu erneuerte – Außenbau vorhanden. 1979–84 wurde das Innere zum Konzerthaus mit großem Saal im Mitteltrakt nach dem Vorbild des Wiener Musikvereins, aber mit ornamentaler Raumausstattung im nachempfundenen »Schinkelstil«, sowie weiteren Nebensälen ausgebaut. Vor der Freitreppe steht seit 1987 wieder das 1864–69 von Reinhold Begas geschaffene **Denkmal für Friedrich Schiller**.

Die **Mohrenkolonnaden** (II F2), 1787 von Carl Gotthardt Langhans errichtet, stehen zwar noch am originalen Standort, sind aber völlig aus dem ursprünglichen architektonischen Zusammenhang gerissen. Sie schmückten ehemals die Brücke, die sich hier über den Festungsgraben spannte. Der Skulpturenschmuck mit antiken Gottheiten stammt aus den königlichen Bildhauerwerkstätten, die Johann Gottfried Schadow leitete. In Berlin gab es mehrere solcher Brückenkolonnaden, etwa die Spittelkolonnaden in der Leipziger Straße.

Friedrichstraße (II F1–3): Die 1699 angelegte Nord-Süd-Achse der barocken Stadterweiterung entwickelte sich im späten 19. Jh. zu einer belebten Geschäftsstraße mit prachtvollen Hotels, Theatern, Kinos, Nachtlokalen, Cafés und Geschäften. Von der historistischen Bebauung aus dieser Zeit haben sich nach den Kriegszerstörungen nur wenige Beispiele erhalten: der **Bahnhof Friedrichstraße**, der 1882 für die Stadtbahn in Betrieb genommen wurde (1919–25 verändert, siehe Terrakottaverkleidung am Außenbau) und nach dem Mauerbau 1961 als einer der wichtigsten innerstädtischen Grenzübergänge zusammen mit dem gläsernen **Tränenpalast** von 1961/62, der Grenzabfertigungshalle, zu trauriger Berühmtheit gelangt ist (heute mit Dauerausstellung »GrenzErfahrungen. Alltag der deutschen Teilung«); der **Admiralspalast** (Nr. 101, 102), die **ehemalige Polnische Apotheke** (Nr. 153) und das **ehemalige Geschäftshaus Automat** (Nr. 167, 168), deren Stahlskelettkonstruktion eine großzügige Durchfensterung der Fassade erlaubte; ferner die Häuser Nr. 58, 61, 165, 209, 210. Nach der Wende ist hier wieder eine Geschäftsstraße entstanden, u. a. mit den drei

Blockquartieren der **Friedrichstadtpassagen** von 1996: die **Galerie Lafayette (Quartier 207)** des französischen Stararchitekten Jean Nouvel mit übereck geführter, abgerundeter Glasfassade und spektakulärem Lichthof; hier zieht nach Schließung des Kaufhauses 2024 die Zentral- und Landesbibliothek Berlin ein; das **Quartier 206** des New Yorker Architekturbüros Pei, Cobb, Freed & Partner mit einer Fassade, deren spitz vorspringende Erker und horizontale Gliederung mit Fenster- und Marmorstreifen an Art déco-Bauten erinnern; das **Quartier 205** von Oswald Mathias Ungers aus für den Architekten typischen kubischen Baublöcken mit rasterförmiger Fassadengestaltung.

Die 1738/39 errichteten **Pfarrhäuser in der Taubenstraße** (II F2), zweigeschossige, schlicht gegliederte Gebäude mit Mansarddach um einen Innenhof, sind die einzigen erhaltenen barocken Wohnhäuser in der Friedrichstadt.

Das **Tuteur-Haus** (II F2) des Architekten Hermann Muthesius von 1912 gehört zu den ganz wenigen erhaltenen Beispielen der alten Berliner Warenhausarchitektur. Für diese neuen Kaufhäuser mit Verkaufsräumen in allen Geschossen hatte der Architekt Alfred Messel adäquate Bauformen gefunden, aber seine Werke sind zerstört. Von Messel übernahm Muthesius beim Tuteur-Haus die ganz in aufstrebende Pfeiler und große Glasfenster aufgelösten Fassaden, die das Stahlträgergerüst der Konstruktion widerspiegeln. Aus baupolizeilichen Gründen musste er aber in jedem Geschoss die dreigeteilten Fenster mit Brüstungen versehen. Die angeschrägte Gebäudeecke ist durch drei hohe Arkaden hervorgehoben. Nach Kriegsbeschädigungen wurde die Fassade 2005 rekonstruiert.

Mosse-Haus (II F2): Der 1901–03 im neobarocken Stil erbaute Sitz des Zeitungsverlages Rudolf Mosse, bei dem auch das liberale *Berliner Tageblatt* erschien, wurde bei den Spartakusaufständen 1919 beschädigt. Mit dem Wiederaufbau wurden Erich Mendelsohn und Richard Neutra beauftragt, die 1921–23 kontrastierend zum Altbau den neuen Eingangsbereich und die oberen Geschosse im Stil der Neuen Sachlichkeit hinzufügten. Als sensationell galt die Ecklösung mit den dynamisch um die abgerundete Kante herumgeführten horizontalen Fensterbändern und Gesimsen, die Assoziationen an die Bewegung des Straßenverkehrs weckten. Diese Art der Eckgestaltung wurde später zum Markenzeichen von Mendelsohns Warenhäusern.

Axel-Springer-Neubau (II F2/3): 1959–65 ließ der Verlagsgründer Axel Springer im ehemaligen Zeitungsviertel (im Zweiten Weltkrieg zerstört) in provokanter Nähe zur Mauer ein auffälliges goldenes Hochhaus errichten (1992–94 erweitert), ein Symbol der westlichen Presse, das auch von Ost-Berlin aus gut sichtbar war. 2016–20 entstand über dem ehemaligen Verlauf der Mauer ein neues Gebäude für den Medienkonzern: Hinter einem prismatisch gebrochenen Glasgitter, das die Fassade des wuchtigen Baus regelrecht aufzubrechen scheint, öffnet sich ein 45 Meter hohes Atrium (wie die Dachterrasse für Besucher zugänglich) – ein spektakulärer Versuch des verantwortlichen Architekten Rem Koolhas, das traditionelle Bürohaus in eine futuristische Arbeitslandschaft des digitalen Zeitalters aufzulösen.

Die **Komische Oper** (II F2), heute im Äußeren infolge von Um- und Erweiterungsbauten eine moderne Architektur der 1960er Jahre, besitzt im Inneren noch das Treppenhaus und den reich dekorierten, fast kreisrunden Zuschauerraum im Stil des Neobarock des Ursprungsbaus der Wiener Theaterarchitekten Ferdinand Fellner und Hermann Helmer von 1891/92. Das Theater erlebte seine Hochzeit 1947–75 als Komische Oper unter der Leitung des Regisseurs Walter Felsenstein, der das Haus als modernes Musiktheater mit darstellerisch ausgearbeiteten Inszenierungen, damals eine Neuerung in der Opernregie, weltbekannt machte. Der Bau ist 2023–27 wegen Sanierung geschlossen.

Zwischen Reichstag und nördlicher Spreeseite, Siegessäule und Potsdamer Platz

Vom Reichstag auf die nördliche Spreeseite und zur Siegessäule

♦ Der **Reichstag** (I E/F2) ist mehr als jedes andere Gebäude in Berlin mit der wechselvollen deutschen Geschichte verbunden. Nach der Reichsgründung 1871 zeigte sich bald die Notwendigkeit, für das neue gesamtdeutsche Parlament ein entsprechendes Gebäude zu schaffen. Nach langen Auseinandersetzungen um den Standort und die angemessene architektonische Gestalt kam es erst 1882 zu einem Architektenwettbewerb, aus dem Paul Wallot als Sieger hervorging. Nach seinen Entwürfen wurde das Reichstagsgebäude 1884–94 erbaut, aber der Architekt musste noch während der Bauausführung seine Pläne mehrfach ändern. Das im Äußeren noch heute weitgehend erhaltene schlossartige Bauwerk ist nicht auf die Stadt, sondern auf den Tiergarten ausgerichtet. Stilistisch ist die Architektur dem in der wilhelminischen Zeit beliebten pompösen Historismus verpflichtet, hier eine Kombination aus italienischer Hochrenaissance, Barock und moderner Stahl-Glas-Konstruktion (Kuppel). Die üppige Ausstattung mit Skulpturen, u. a. von Reinhold Begas, die vor allem die Einheit des Reiches versinnbildlichen sollte, steigerte noch die prunkvolle Wirkung der Architektur. Die Kuppel – eigentlich eine Notlösung infolge einer vom Kaiser gewünschten Planänderung während des Bauverlaufs – feierten die Zeitgenossen zwar als fortschrittliches technisches Meisterwerk, aber insgesamt rief Wallots Rechteckbau mit turmartigen Eckrisaliten und säulenbetontem Mittelrisalit viele Kritiker auf den Plan. Kaiser Wilhelm II., dem Parlamentarismus völlig abgeneigt, schmähte den Bau als

»Reichsaffenhaus« und als »Gipfel der Geschmacklosigkeit«. 1916 wurde mit seiner Zustimmung endlich die schon lange geplante Inschrift »Dem Deutschen Volke« über dem Eingang angebracht, in einem Schriftzug nach Entwurf des berühmten Peter Behrens. Nach der Abdankung des Kaisers rief der sozialdemokratische Abgeordnete Philipp Scheidemann von einem Fenster am Hauptportal die Republik aus. Als die Nationalsozialisten 1933 den Reichstag in Brand steckten, war nicht nur das Ende der Demokratie besiegelt, auch der holzvertäfelte Plenarsaal und die Kuppel wurden zerstört. Im Zweiten Weltkrieg erlitt das Gebäude schwere Zerstörungen. Am 30. April 1945 hissten Soldaten der Roten Armee auf der Ruine die sowjetische Fahne als Symbol für den Sieg über die Nationalsozialisten. Nach der Sprengung der kriegsbeschädigten Kuppel 1954 stellte man 1961 den übrigen Bau, der nun direkt an der Mauer lag, nach Plänen des Architekten Paul Baumgarten als Dependance des Bundestags wieder her: ohne Kuppel, mit niedrigeren Ecktürmen und moderner Innenarchitektur. Nach dem Hauptstadtbeschluss 1991 bestimmte man das Reichstagsgebäude zum Sitz des neuen gesamtdeutschen Bundestags. Den 1993 ausgeschriebenen Wettbewerb für einen Umbau, der die historische Bausubstanz respektierte, gewann der englische, international renommierte Architekt Sir Norman Foster. Allerdings musste er seinen Entwurf grundlegend überarbeiten und vor allem der Forderung nach einem Neubau der Kuppel nachkommen. Diese moderne, auf einer doppelt spiralförmigen an- und absteigenden Rampe öffentlich begehbare Glaskuppel von fast 24 Metern Höhe und 40 Metern Durchmesser erinnert zwar entfernt an die ursprüngliche Anlage Wallots, setzt sich aber durch eine moderne Formensprache deutlich vom Altbau ab – ein Konzept, das von einem Projekt des Architekten Gottfried Böhm von 1988 inspiriert ist. Ein Spiegelsystem leitet natürliches Tageslicht in den großen

Plenarsaal unter der Kuppel. Fosters Kuppel gehört mittlerweile zu den Hauptattraktionen Berlins und bietet einen wunderschönen Panoramablick über die Stadt. Im weitgehend entkernten Inneren des Gebäudes ist ein ›Neubau im Altbau‹ nach modernsten energietechnischen Kriterien entstanden, ohne die Spuren der Geschichte auszulöschen, wie die Reste der historischen Bausubstanz, Kriegsschäden und die Graffiti der Rotarmisten von 1945 zeigen. Die Umbauten Baumgartens aus den 1960er Jahren gingen dabei verloren. Bevor 1995 mit den Bauarbeiten begonnen wurde, wickelte der Verpackungskünstler Christo mit seiner Frau Jeanne-Claude das Gebäude für zwei Wochen vollständig mit silbrigen Stoffbahnen ein – »Wrapped Reichstag« zog Millionen von Besuchern an. Nach vierjähriger Bauzeit nahm der Bundestag im September 1999 seine Arbeit im Reichstagsgebäude auf. Zur Ausstattung gehört auch eine bedeutende Sammlung zeitgenössischer Kunstwerke, die zum Teil eigens für diesen Ort geschaffen wurden, u. a. von Sigmar Polke, Gerhard Richter, Jenny Holzer oder Georg Baselitz.

Band des Bundes (I E1–2): Nachdem Berlin 1991 wieder Hauptstadt geworden war, mussten neue Regierungsgebäude errichtet werden. Aus dem städtebaulichen Wettbewerb zur Neugestaltung des Regierungsviertels im Spreebogen gingen die Berliner Architekten Axel Schultes und Charlotte Frank unter 835 Teilnehmern als Sieger hervor. Ihr städtebauliches Gesamtkonzept für das »Band des Bundes« nördlich des Reichstags umfasste das Bundeskanzleramt mit dem Kanzlergarten jenseits der Spree, das (nie realisierte) Bürgerforum davor, das Paul-Löbe-Haus und, erneut auf der anderen Seite des Flusses, das Marie-Elisabeth-Lüders-Haus. Der »Spreesprung« der Bebauung wurde als architektonisches Symbol der Wiedervereinigung der ehemals durch die hier verlaufende Mauer getrennten Teile der Stadt verstanden.

Bundeskanzleramt (I E1–2): Nach dem städtebaulichen Gesamtwettbewerb für das neue Regierungsviertel gewannen die Architekten Axel Schultes und Charlotte Frank 1994 auch die Ausschreibung für das Bundeskanzleramt: mit einem Bau in unverwechselbaren, einprägsamen Formen, die dank der häufigen Präsenz in den Medien geradezu zum Markenzeichen des politischen Berlin geworden sind. Der zentrale, 40 Meter hohe Hauptbau, ein Kubus, in den eine Rotunde eingefügt ist, besitzt eine zweigeschossige Glasfassade mit freistehenden, expressiv gewellten Betonstelen – eine Architektur, die den Eindruck von Transparenz, aber auch Monumentalität und Wuchtigkeit suggeriert. Diesen »Leitungsbau« mit Foyer, Sitzungssälen, Bankettsaal und privaten Aufenthaltsräumen für den*die Kanzler*in flankieren lange niedrigere Bürotrakte, die auf der Eingangsseite einen Ehrenhof für den Empfang von Staatsgästen schaffen und zu den Seiten verglaste Innenhöfe umfassen. Vor dem Eingang steht die Eisenskulptur »Berlin« von Eduardo Chillida, ein Symbol der Teilung und Wiedervereinigung der Stadt. Auf der Rückseite dehnt sich bis jenseits der Spree der Kanzlergarten mit einem Hubschrauberlandeplatz aus. Zur Innenausstattung mit zahlreichen Kunstwerken der klassischen Moderne und zeitgenössischer Künstler gehören die Porträts sämtlicher Kanzler. Der im Kanzlerpark am Spreeufer gegenüber geplante bogenförmige Erweiterungsbau mit Hubschrauberlandeplatz auf dem Dach (Entwurf wieder Schultes und Frank) steht neuerdings wegen notwendiger Sparmaßnahmen infrage; alternative Baupläne, etwa für Wohnungen, werden diskutiert.

Das **Paul-Löbe-Haus** (II E1–2), benannt nach dem letzten demokratischen Reichstagspräsidenten der Weimarer Republik, wurde 1997–2000 nach Entwürfen von Stephan Braunfels errichtet. Um dem riesigen Bau mit 1000 Abgeordneten- und Verwaltungsbüros und Sitzungssälen eine aufgelockerte Gestalt zu geben, organisierte Braunfels ihn über einem kammartigen Grundriss: Zu beiden Seiten einer langgestreckten gläsernen Halle reihen sich U-förmig um ›Außenhöfe‹ gruppierte Büros und die Rotunden mit den Sitzungssälen. Die gläserne Hauptfront zur Spree mit dem weit vorkragenden Dach auf dünnen Stützen gibt den Blick frei in das Innere. Der Wechsel von geschlossenen Sichtbetonflächen und transparenten Glasfassaden korrespondiert architektonisch mit dem Bundeskanzleramt und dem Marie-Elisabeth-Lüders-Haus.

Das **Marie-Elisabeth-Lüders-Haus** (II E 1–2), 1998–2001 von Stephan Braunfels erbaut (der Erweiterungsbau mit markantem Rundturm an der Luisenstraße stammt aus dem Jahr 2010), ist nach der liberalen Politikerin und Vertreterin der frühen Frauenbewegung benannt. Der Bau für die wissenschaftlichen Dienste und die Bibliothek des Bundestags, eine der größten Parlamentsbibliotheken weltweit, ist durch eine Brücke über die Spree und die gemeinsame architektonische Formensprache mit dem Paul-Löbe-Haus zu einer Einheit verschmolzen – eine sinnfällige symbolische Verbindung der ehemals getrennten Teile von West- und Ost-Berlin. Im Inneren neben der großen Freitreppe zum Spreeufer steht das **Mahnmal für die Opfer der Mauer**, das aus Teilen der ehemals hier verlaufenden Mauer zusammengesetzt ist.

Schweizerische Botschaft (I E1): Das 1870/71 von Friedrich Hitzig erbaute und 1910/11 von Paul Baumgarten ausgebaute Stadtpalais wurde ab 1920 als Sitz der Schweizerischen Botschaft genutzt und stellt heute das einzige erhaltene Relikt der ehemaligen Bebauung des Alsenviertels dar. 2000 wurde der klassizistische Bau von Diener & Diener durch einen modernen Anbau in nüchternen Formen erweitert.

Der **Hauptbahnhof** (I E1), 1998–2006 nach einem Entwurf des Architekturbüros von Gerkan, Marg und Partner erbaut, ist Europas größter und modernster Kreuzungsbahnhof. Die Idee der Verkehrskreuzung ist in dem gläsernen, lichtdurchfluteten Bau architektonisch zum Ausdruck gebracht: Die Halle mit dem flach gerundeten Glasdach der ost-westlich verlaufenden Stadtbahn durchschneidet die zwei rechteckigen Büroblöcke, die der unterirdischen, nord-südlich fahrenden Fernbahn entsprechen. Im transparenten Inneren öffnen sich vielfältige Durchblicke über verschiedene Ebenen.

Der **Hamburger Bahnhof / Museum für Gegenwart** (I E1), 1845–47 vom technischen Bahndirektor Friedrich Neuhaus und dem Architekten Ferdinand Wilhelm Holz errichtet, gehört zu den ältesten Bahnhofsgebäuden Deutschlands und ist der einzige zumindest in Teilen erhaltene Berliner Kopfbahnhof. Das breitgelagerte Empfangsgebäude mit zwei Türmen besitzt zwei (heute geschlossene) halbrunde Portalöffnungen, ehemals die Durchfahrten für die Lokomotiven, die auf der jetzt in einem Rasenrondell angedeuteten Drehscheibe umgesetzt wurden. Bereits 1884 wurde der Bahnhof stillgelegt und 1905/06 zum Verkehrsmuseum mit einer neuen Ausstellungshalle anstelle der Bahnhofshalle umgebaut. 1911–16 kamen die Seitenflügel hinzu. 1945–84 stand nur noch eine unzugängliche Ruine. Nach den Umbaumaßnahmen und Erweiterungsbauten des Architekten Josef Paul Kleihues 1990–96 wurde hier das **Museum für Gegenwart** eingerichtet, seit 1960 die Abteilung der Nationalgalerie für zeitgenössische Kunst, erweitert durch einige Privatstiftungen, vor allem mit Werken von Künstlern wie Andy Warhol, Cy Twombly, Robert Rauschenberg, Roy Lichtenstein, Anselm Kiefer und Joseph Beuys. Für die Friedrich Christian Flick Collection hat das international erfolgreiche Berliner Architekturbüro Kuehn Malvezzi 2003/04 die benachbarten Rieckhallen, ein ehemaliges Speditionsgebäude, umgebaut.

Die **AEG-Turbinenhalle** (III C1, Huttenstraße 12–19), die der Architekt Peter Behrens 1908/09 im Auftrag von Emil Ra- ♦

thenau, dem Vorsitzenden der Allgemeinen Elektricitätsgesellschaft, im damals neuen Industriegebiet Moabit errichtete, gilt als Schlüsselbau der modernen Industriearchitektur des 20. Jh.s. Völlig neuartig war, dass die Stahlträgerkonstruktion an der Längsseite der Montagehalle nicht mehr durch historistische Architekturformen verkleidet ist, sondern offen gezeigt wird: Die tragenden Dreigelenkbinder liegen gut sichtbar vor der Glasfassade. Da sich die Fenster leicht nach innen neigen, entsteht der Eindruck, die Träger würden sich nach unten verjüngen. An der Schmalfront ist die Konstruktion weniger eindeutig. Der mehrfach gebrochene Giebel mit Firmenlogo, der die dahinterliegende Dachkonstruktion widerspiegelt, scheint von dem großen, durch Eisengitter unterteilten Fenster getragen zu werden. Die abgerundeten Eckpfeiler aus Beton wirken zwar sehr mächtig, sind aber durch die starke Neigung nach innen und die horizontalen Eisenbinder als Füllwerk charakterisiert. Trotz dieser modernen Formensprache bleiben Anklänge an die Architektur antiker Tempel mit ihrem konstruktiv-ästhetischen Prinzip des Tragens und Lastens sichtbar: Behrens setzt anstelle der Säulen Stahlträger ein und anstelle des Dreiecksgiebels darüber den polygonalen Giebel. 1907 war Behrens von Rathenau zum künstlerischen Leiter der AEG berufen worden und zeichnete in den folgenden Jahren für das gesamte Erscheinungsbild des Konzerns verantwortlich: vom Firmenlogo über Werbung und – das war neu für industriell gefertigte Produkte – das Design der Elektrogeräte bis zum Bau von Arbeitersiedlungen und Fabriken. Behrens wurde damit zum Vater des modernen Industriedesigns und schuf für die AEG eine Frühform der Corporate Identity.

Tiergarten (I D / E 2): Das seit dem 16. Jh. dicht bewaldete Jagdrevier der brandenburgischen Kurfürsten, damals vor den Toren der Stadt, wurde Anfang des 18. Jh.s zu einer barocken Parkanlage mit langer Ost-West-Schneise (heute Straße des

17. Juni) in Fortsetzung der Linden und zentralem Rondell als Kreuzungspunkt weiterer Wegachsen (heute Großer Stern; s. S. 91) verwandelt. Friedrich Wilhelm I. ließ den östlichen Teil, heute Platz der Republik vor dem Reichstag, abholzen und einen Exerzierplatz anlegen. Friedrich der Große gab 1742 das Jagdrevier auf und öffnete den Park erstmals für die Bevölkerung. In den 1830er Jahren verwandelte der bedeutende Gartenarchitekt Peter Joseph Lenné den Park in einen englischen Landschaftsgarten mit weiten Rasenflächen, Seen, kleinen geschwungenen Wasserläufen und Wegen mit Brücken – Merkmale, die noch heute den Charakter des Tiergartens bestimmen. 1841–44 fügte Lenné den Zoologischen Garten hinzu. Nach der Reichsgründung 1871 verliehen die Siegessäule und insbesondere die 1895 von Kaiser Wilhelm II. angelegte Siegesallee mit Denkmälern brandenburgischer und preußischer Herrscher (damals auch als »Puppenallee« verspottet; heute befinden sich die Denkmäler in der Zitadelle in Spandau) dem Park einen politisch-vaterländischen Charakter. Von der Skulpturenausstattung des 19. und frühen 20. Jh.s sind nach den Veränderungen der Nationalsozialisten und den Kriegszerstörungen nur wenige Beispiele in veränderter Aufstellung erhalten. Seit dem Krieg sind weitere Skulpturen, Denkmäler und Mahnmale hinzugekommen, etwa: das **Sowjetische Ehrenmal**, zwei Panzer vor einer halbrunden Kolonnade und einem Rotarmisten auf hohem Sockel – die britische Militärregierung stellte der Sowjetunion 1946 West-Berliner Terrain zur Verfügung, damit diese das Ehrenmal für ihre im Zweiten Weltkrieg gefallenen Soldaten errichten konnte; die Bronzeplastik »Der Rufer« von Gerhard Marcks von 1967; die Denkmäler für die Begründer der Kommunistischen Partei Karl Liebknecht und Rosa Luxemburg von 1987 sowie die für die im Nationalsozialismus ermordeten Sinti und Roma Europas von 2012.

Haus der Kulturen der Welt (I E2): Die ehemalige **Kongresshalle**, heute im Volksmund auch »Schwangere Auster« genannt, war der amerikanische Beitrag zur Internationalen Bauausstellung (IBA) 1957 in Berlin und zugleich ein Symbol der Verbundenheit der USA zu West-Berlin in der Nachkriegszeit. Die ungewöhnliche Form geht auf den Architekten Hugh A. Stubbins unter Mitwirkung von Werner Düttmann und Franz Mocken zurück: Über einem verglasten Sockel erhebt sich auf einer Betonplattform das Auditorium, das von einem elegant geschwungenen Dach überspannt wird, eine zweifach gekrümmte Spannbetonschale mit nur zwei Auflagern. Dieses Dach stürzte 1980 ein, wurde aber wegen der ideellen Bedeutung des Baus zum Stadtjubiläum 1987 wiederhergestellt. Seit 1989 wird das Gebäude als Veranstaltungs- und Ausstellungshaus für die Kulturen der Welt genutzt. Im Spiegelteich vor dem Gebäude liegt die Bronzeskultur »Big Butterfly« von Henry Moore.

Schloss Bellevue (I D2), heute Amtssitz des Bundespräsidenten, ließ sich Prinz August Ferdinand von Preußen, der jüngste Bruder von König Friedrich dem Großen, 1785 von Michael Philipp Daniel Boumann im nördlichen Bereich des Tiergartens errichten. Der Bau steht zwar noch in der Tradition barocker Dreiflügelanlagen, gilt stilistisch aber wegen der streng gegliederten Fassade mit flachem Mittelrisalit schon als erstes Schloss des preußischen Klassizismus, orientiert an Schloss Wörlitz. Im Inneren haben sich bis auf den ovalen Saal von Carl Gotthard Langhans von 1791 keine historischen Räume erhalten.

Bundespräsidialamt (I D2): In den 1958–60 neu angelegten Park des Schlosses Bellevue wurde 1996–98 dieser Gebäudekomplex von Martin Gruber und Helmut Kleine-Kraneburg eingefügt. Er besticht durch seine prägnante elliptische Form und die Fassadenverkleidung mit dunkelgrünem poliertem

Granit und erinnert an die Idee von Parkbauten des englischen Landschaftsgartens, ist zugleich aber mit seiner regelmäßigen Anordnung der Fenster deutlich als Büroanlage gekennzeichnet.

Die **Siegessäule** (I D2; Großer Stern), heute das Hauptmonument des Tiergartens und eines der Wahrzeichen Berlins, war ehemals vor dem Reichstag aufgestellt. König Wilhelm I. gab die Säule 1864 zunächst als Denkmal für den preußischen Sieg über Dänemark in Auftrag, daher die Kanonenrohre am Säulenschaft. Aber nach den Siegen über Österreich 1866 und Frankreich 1870/71 und der anschließenden Gründung des Kaiserreichs wurde das Säulenmonument durch zusätzliche Reliefs am Sockel (Szenen aus den siegreichen Schlachten) und Mosaiken (Anton von Werner, »Reichsgründung«) hinter der Kolonnade sowie durch die »Viktoria«-Statue von Friedrich Drake auf der Spitze zum Nationaldenkmal der deutschen Einigungsbewegung umgedeutet. Im Zuge der nationalsozialistischen Umgestaltung Berlins wurde die Säule 1938 auf den damals vergrößerten Großen Stern versetzt und um eine Trommel auf 67 Meter erhöht. Seitdem stehen hier auch das pathetische Nationaldenkmal für Reichskanzler Otto von Bismarck (1897–1901, Reinhold Begas) und andere Standbilder. Über eine Wendeltreppe in der Siegessäule erreicht man die Aussichtsplattform.

Vom Diplomatenviertel zum Potsdamer Platz

Botschaften im Diplomatenviertel (I D/E2–3): In der NS-Zeit begann man, das Gebiet südlich des Tiergartens zu einem Zentrum diplomatischer Vertretungen auszubauen. Während die Gesandtschaften zuvor in bereits bestehenden Gebäuden angesiedelt waren, wurde hier mit eigens zu diesem Zweck errichteten Gebäuden der neue Bautyp Botschaft geprägt, der die Kanzlei (Dienst- und Geschäftsräume) und die Residenz (repräsentativer Wohnsitz des amtierenden Botschafters) unter einem Dach vereint. Aus dieser Anfangszeit stammen die **Italienische Botschaft** und die **Japanische Botschaft** (Hiroshimastraße 1 und 6), die 1938–41 bzw. 1942 von deutschen Architekten im Stil des monumentalen nationalsozialistischen Neoklassizismus erbaut wurden und die politische Bedeutung der Länder als Verbündete des »Dritten Reichs« hervorheben sollten. Erst 1999–2003 wurde die im Krieg teilzerstörte Italienische Botschaft wiederhergestellt. Den schwer kriegsbeschädigten japanischen Sitz hat man abgerissen und 1998–2000 an der Vorderfront originalgetreu kopiert und durch einen Neubau ergänzt. Nach dem Hauptstadtbeschluss von 1991 entstanden in diesem Areal erneut mehrere Botschaften, jetzt aber oft nach Entwürfen landeseigener Architekten, so etwa die **Österreichische Botschaft** von Hans Hollein 1999–2001, oder in architektonischen Formen oder Baumaterialien mit Bezug auf das jeweilige Land, wie die **Indische Botschaft** oder die **Türkische Botschaft** (Tiergartenstraße 12–14, 16–17, 19–21).

Nordische Botschaften (III D2): Die Vertretungen von Dänemark, Schweden, Norwegen, Finnland und Island, die 1997–99 nach einem Gesamtkonzept des österreichisch-finnischen Architekturbüros Alfred Berger und Tina Parkinnen erbaut wurden, bilden ein zusammenhängendes Architekturensemble, das die Verbundenheit der nordeuropäischen Länder zum Ausdruck bringt. Zum Tiergarten fasst ein geschwungenes, haushohes Kupferband mit beweglichen Lamellen die Anlage zusammen, zur Rauchstraße liegt das Gemeinschaftshaus. Die einzelnen Botschaftsgebäude haben Architekten der jeweiligen Länder entworfen. Charakteristisch ist der Einsatz von landestypischen Materialien wie bestimmten Stein- und Holzarten.

Das **Bauhaus-Archiv / Museum für Gestaltung** (I D3) beherbergt die weltweit größte Sammlung und Forschungsstätte mit Bibliothek und Archiv zur Geschichte des Bauhauses 1919–33, der wichtigsten Schule für Architektur, Kunst und Design im 20. Jh. Das Gebäude geht auf einen Entwurf von Walter Gropius von 1964 für das ursprünglich in Darmstadt vorgesehene Archiv zurück. Erst 1976–78 wurde der Bau nach grundlegender Überarbeitung seines Mitarbeiters Alexander Cvijanovic am neuen Standort in Berlin verwirklicht. Lediglich die charakteristischen Sheddächer gehen noch auf Gropius zurück. Die Sammlung umfasst Schlüsselwerke und Dokumente aller wichtigen Bauhauskünstler und ihrer Schüler wie Walter Gropius, Johannes Itten, Paul Klee, Lyonel Feininger, Wassily Kandinsky, Oskar Schlemmer, Laszlo Moholy-Nagy und Ludwig Mies van der Rohe aus dem Bereich Architektur, Malerei, Plastik, Möbel, Keramik und andere Gebrauchsgegenstände, Fotografie und Theater. Anlässlich des 100-jährigen Gründungsjubiläums 2019 wird das Bauwerk seit mehreren Jahren saniert und um einen filigranen Neubau von Volker Staab erweitert. Bis zur geplanten Fertigstellung 2025 befindet sich das Archiv als »temporary bauhaus-archiv« in der Knesebeckstraße 1–2 (Charlottenburg).

Das **Shell-Haus** (I E3), eines der wichtigsten Bürogebäude der Berliner Moderne und einer der ersten Stahlskeletthochbauten der Stadt, errichtete der Architekt Emil Fahrenkamp 1930–32 für die Shell-Tochter Rhenania-Ossag Mineralölwerke. Der auf einem trapezförmigen Grundriss errichtete Bau beeindruckt durch seine spektakuläre schräge Fassade, die in einer dynamischen Wellenbewegung stufenförmig von fünf auf zehn Geschosse aufsteigt. Um die abgerundeten Ecken herumgeführte Travertinstreifen wechseln sich mit horizontalen Fensterbändern ab. Sowohl die Travertinplatten als auch die Glasscheiben der Fenster sind an den Gebäudeecken gebogen.

Die **St.-Matthäus-Kirche** (I E2–3), 1844–46 vom Schinkelschüler August Stüler im damals beliebten »Rundbogenstil« erbaut, ist heute Teil des modernen Bauensembles des Kulturforums, stand aber ursprünglich auf dem rechteckigen Platz des vornehmen Villenviertels, das im Zweiten Weltkrieg in Schutt und Asche fiel. Nach der Zerstörung hat man nur das Äußere des Backsteinbaus, das die Dreischiffigkeit des Inneren durch drei Giebel sichtbar macht, wiederhergestellt. Interessante Ausstattungsstücke sind der »Schmerzensmann« aus der Werkstatt Tilman Riemenschneiders sowie ein »Christuskopf« von Gerhard Marcks.

Kulturforum (I E2–3): Nach den schweren Kriegszerstörungen im Villenviertel südlich des Tiergartens plante Hans Scharoun 1958 auf dem abgeräumten Areal ein Kulturforum, dessen Bebauung keine Rücksicht auf die historische Stadtstruktur nahm: Ausgehend von der geplanten Philharmonie sollte hier eine offene »Stadtlandschaft« mit locker eingestreuten Einzelbauwerken entstehen – für Scharoun Ausdruck eines »demokratischen Gemeinschaftsgefühls«. Das in den folgenden Jahrzehnten nach mehreren Plan- und Architektenwechseln geschaffene Ensemble für Museen und Kultureinrichtungen, das nach dem Bau der Mauer 1961 als Gegenstück zur Ost-Berliner Museumsinsel verstanden wurde, zeichnet sich zwar durch einige herausragende Einzelbauten aus, schafft aber keinen zusammenhängenden Stadtraum. Unabhängig von Scharouns Plänen (die er 1963/64 nochmals überarbeitet hatte) entstand 1965–68 die Neue Nationalgalerie von Ludwig Mies van der Rohe. Von der Gesamtplanung des Architekten Rolf Gutbrod von 1966 für die Museen (Gemäldegalerie, Skulpturensammlung und Kunstgewerbemuseum mit der Kunstbibliothek) wurde 1978–85 wegen starker Kritik nur das Kunstgewerbemuseum realisiert. Aus einem neuen Wettbewerb von 1987 für die **Gemäldegalerie** (s. S. 181) ging das Büro Hilmer & Sattler als Sieger hervor. Der

Fall der Mauer hat das Kulturforum aus seiner Randlage befreit und damit neue urbanistische Voraussetzungen geschaffen. Daher wurde 2015 mit der städtebaulichen Neugestaltung des Freiraums zwischen den Gebäuden begonnen. Neues Zentrum ist der **Scharounplatz**, der auch für Open-Air-Veranstaltungen genutzt werden kann. 2014 hat der Gedenk- und Informationsort T4 für die Opfer der nationalsozialistischen »Euthanasie«-Morde eröffnet. Als letzter Bau auf dem Kulturforum entsteht seit 2019 neben der St.-Matthäus-Kirche das **Museum der Moderne »berlin modern«** (I E2), in Ergänzung zur Neuen Nationalgalerie (s. S. 96), da dort der Platz für die Präsentation der einzigartigen Sammlung der Kunst des 20. Jh.s (darunter Werke des Expressionismus, Kubismus, Dada und Bauhaus sowie Kunst der DDR) nicht ausreicht. Den auf den ersten Blick wegen seiner einfachen Grundform wie eine Scheune anmutenden Entwurf des weltberühmten Architekturbüros Herzog & de Meuron zeichnen öffentliche Wege durch das Gebäude aus, die eine Verbindung zwischen den umliegenden Bauten schaffen. Aber wegen der extrem hohen Baukosten und der aufwendigen Klimatisierung musste das Projekt überarbeitet werden. Die neue Variante ist vor allem energieeffizienter und publikumsfreundlicher (Fertigstellung 2027 geplant).

Philharmonie (I E2): Als ersten Bau am Kulturforum realisierte Hans Scharoun 1960–63 dieses weltweit beachtete Meisterwerk, ein Meilenstein des organischen Bauens. Der spektakuläre Bau ist über einem Grundriss aus drei übereinander gelegten und gegeneinander gedrehten Fünfecken errichtet. Den zeltartig aufsteigenden Außenbau bestimmt eine bewegte Dachsilhouette. Erst 1978–81 wurde die Verkleidung mit goldfarbenen Aluminiumplatten angebracht. Die damals völlig neuartige Raumkomposition des über 2000 Zuhörer fassenden Saals, Vorbild vieler moderner Konzerthäuser, folgt Scharouns Idee von der »Musik im Mittelpunkt«: Daher gruppieren sich die gestaffelten, gegeneinander versetzten und arenaartig nach oben ansteigenden Zuhörerränge rund um das in der Mitte liegende Podium für das Orchester. Von hier breitet sich die Musik im ganzen Raum aus: Der mit Schallreflektoren und -segeln ausgestattete Saal, die Spielstätte der weltberühmten Berliner Philharmoniker, ist für seine ausgezeichnete Akustik berühmt. Das unter dem Saal gelegene Foyer mit seinen kaskadenartig herabführenden Treppen erweckt den Eindruck eines dynamisch bewegten Raumes. 1979–84 und 1984–88 errichtete Edgar Wisniewski auf der Grundlage eines Entwurfs von Scharoun das **Staatliche Institut für Musikforschung** mit dem **Musikinstrumenten-Museum** und den **Kammermusiksaal**, der sich formal eng an die Philharmonie anlehnt und mit dieser durch flache Anbauten verbunden ist.

Staatsbibliothek zu Berlin, Haus Potsdamer Straße (I E3): Der Bau mit einem hoch aufragenden Büchermagazin, 1966 nach Plänen von Hans Scharoun begonnen und 1978 von Edgar Wisniewski vollendet, verschließt sich bewusst nach Osten zur ehemals hier verlaufenden Mauer. Im Inneren sind die ineinander übergehenden Bibliotheks- und Lesesaalbereiche auf verschiedenen Ebenen angeordnet und durch Galerien, Podeste und Treppen zu einer einzigartigen ›Raumlandschaft‹ verbunden.

Neue Nationalgalerie (I E3): Diese Ikone der modernen Architektur geht auf einen Bauauftrag zurück, den der Berliner Senat 1961 an den 1938 aus Berlin in die USA emigrierten Architekten Ludwig Mies van der Rohe zu dessen 75. Geburtstag vergab. Mies, einer der wichtigsten Vertreter des Neuen Bauens, setzte sich für den Museumsbau für die Malerei des 20. Jh.s noch einmal mit der Idee eines »Baus an sich«, einer endgültigen architektonischen Lösung, unabhängig von den Funktionen, auseinander. Daher konnte er auf einen nicht ausgeführten Entwurf für einen Bau mit gänzlich anderen Funktionen,

Neue Nationalgalerie

eine Unternehmenszentrale in Kuba, zurückgreifen: Auf einem Sockelbereich, wo weite Teile der Ausstellungsfläche untergebracht sind, tragen acht Stahlstützen eine mächtige kassettierte Stahldecke. Weit nach innen gerückt umschließen filigrane Glaswände einen stützenfreien Innenraum, der Mies' Idee vom fließenden offenen Raum zeigt, sich aber als wenig funktionstüchtig für die museale Nutzung erwiesen hat. 2015–21 wurde das Museum vom Architekten David Chipperfield saniert – die notwendigen bautechnischen Maßnahmen mit dem Entwurf von Mies in Einklang zu bringen, war eine besondere Herausforderung. Die Sammlung umfasst Kunst von der klassischen Moderne bis zu den 1960er Jahren. Auf der Terrasse stehen u. a. die Skulpturen »Bogenschütze« von Henry Moore (1964) und »Köpfe und Schwanz« von Alexander Calder (1965).

Der **Potsdamer Platz** (I E2) ist heute berühmt für seine zeitgenössische Architektur, die geradezu symbolhaft für den Wiederaufbau und das Zusammenwachsen von Ost- und

Der Potsdamer Platz um 1910

West-Berlin nach der Wende steht. Besonders die drei sehr unterschiedlichen Hochhäuser direkt am Platz sind zum weltweit bekannten Wahrzeichen der Neubebauung geworden. In den 1920er Jahren galt der Platz als verkehrsreichste Kreuzung Europas und war mit zahlreichen Hotels, Cafés und Amüsierbetrieben ein beliebter großstädtischer Treffpunkt. Nach schweren Kriegszerstörungen wurden die Reste der Bebauung abgeräumt. Nach dem Bau der Mauer, die mitten durch den Platz verlief, verkam das Areal zu einer öden Brachfläche. Erst nach 1989 bot sich die Chance, ein ganzes Stadtquartier im Herzen der Großstadt wiedererstehen zu lassen. Den 1991 ausgeschriebenen Wettbewerb für den städtebaulichen Masterplan zum Potsdamer Platz und Leipziger Platz entschied das Münchner Architekturbüro Hilmer & Sattler für sich – mit dem Projekt einer dichten, mittelhohen Bebauung, die sich an Grundprinzipien der traditionellen europäischen Großstadt orientiert, eine gemischte Nutzung aus Wohnen, Arbeiten, Einkaufen und Kultur festlegt und sich bewusst vom amerikanischen Stadtmodell der Hochhausagglomeration absetzt. Lediglich direkt am Platz sollten, abweichend von diesem Plan, Hochhäuser einen Akzent setzen. Obwohl das Konzept einen weltweit beachteten, von vielen Polemiken begleiteten Architekturstreit auslöste, bei dem sich Verfechter der konventionellen Stadtrekonstruktion und Vertreter avantgardistischer Hochhausarchitektur unversöhnlich gegenüberstanden, bildete der städtebauliche Entwurf von Hilmer & Sattler die wesentliche Grundlage für die konkreteren Bebauungspläne der drei Hauptareale Daimler-City, Sony Center und Beisheim Center.

Für die **Daimler-City** (1993–99) zwischen Potsdamer Straße, Linkstraße und Landwehrkanal entwickelte der italienische Stararchitekt Renzo Piano mit Christoph Kohlbecker einen Rahmenplan, dessen 19 Gebäude anschließend die sechs Architekturbüros Hans Kollhoff, Lauber + Wöhr, José Rafael Moneo, Renzo Piano, Richard Rogers und Arata Isozaki im Detail entworfen haben, um eine gewisse architektonische Vielfalt zu gewährleisten. Der mit rotbraunen Klinkern verkleidete **Kollhoff-Tower** von Hans Kollhoff (1994–99), der zusammen mit den anderen Hochhäusern eine Art Eingangstor zum Platz bildet, vereinigt Formen amerikanischer Wolkenkratzer der 1920er und 1930er Jahre, des deutschen Expressionismus und der märkischen Backsteintradition. Der 101 Meter hohe, zum Platz ganz schmale Turm hat auf dem Dach eine Aussichtsplattform und staffelt sich nach hinten auf die Höhe der angrenzenden Bauten herunter. Davon setzt sich das südlich gelegene **Piano-Hochhaus** (1995–99) von Renzo Piano und Christoph Kohlbecker mit seiner spitzwinkligen verglasten Gebäudeecke und der ockerfarbenen, gitterartigen Verkleidung des hinteren Baublocks scharf ab. Hinter diesen beiden Hochhäusern gruppiert sich das **Quartier Potsdamer Platz** mit weiteren Gebäuden um die Alte Potsdamer Straße, den Marlene-Dietrich-Platz und die ehemaligen Potsdamer Platz Arkaden, die zum modernen Einkaufsparadies »The Playce« umgebaut wurden. Besonders hervorzuheben sind: **Weinhaus Huth** (Alte Potsdamer Straße 5; von 1912), der einzige erhaltene Altbau, dessen Stahlskelettkonstruktion für die Weinlager in den oberen Geschossen den Bomben standhielt; heute befindet sich darin neben einem Restaurant die **Kunstsammlung Mercedes-Benz Contemporary**, mit einer Sammlung zur Kunst des 20. und 21. Jh.s, insbesondere zu abstrakten Strömungen, multimedialen Werken und Videokunst; am Marlene-Dietrich-Platz das **Bluemax Theater** mit einem auffälligen, halbkreisförmigen Kopfbau und einem spektakulären, kugelförmigen Einbau, im Inneren aus Spritzbeton, und das Doppelgebäude des **Theaters am Potsdamer Platz**, Hauptspielstätte der Filmfestspiele Berlinale, und der **Spielbank** mit großflächigen Schaufassaden aus Glas und Stahl und weit vorkragenden Vordächern (1995–98, alle Piano, Kohlbecker). Südlich an das Daimler-Areal schließt sich das ehemalige **Debis-Hochhaus** (heute **Atrium Tower**) an, ein gläserner Büroturm mit auffälligem grünem Würfel auf der Spitze (1994–97; Piano, Kohlbecker).

Das **Center am Postdamer Platz**, ehemals **Sony Center** (I E2): Der Baukomplex zwischen Potsdamer Straße und Bellevuestraße nach einem Gesamtplan von Helmut Jahn (1994–99) bildet einen scharfen Kontrast zur vielfältigen Daimler-City. Direkt am Potsdamer Platz erhebt sich das gläserne Hochhaus des **Bahntowers** auf dreieckigem Grundriss. Abweichend vom Masterplan von Hilmer & Sattler ordnen sich dahinter große Gebäudeblöcke mit einheitlichen Fassaden aus Glas und Stahl um die **Sony-Plaza** mit einem einzigartigen

Sony-Center

gläsernen Zeltdach, dessen geneigte Stahlseil- und Stabkonstruktion eine bemerkenswerte Ingenieurleistung ist. Der Komplex beherbergt **die Deutsche Kinemathek – Museum für Film und Fernsehen** mit Sammlungen zur Film- und Fernsehgeschichte. Um den historischen **Kaisersaal** zusammen mit den im Hof hinter Glas ausgestellten Neorokokowänden des Frühstückssaals, die letzten Reste des ehemaligen Luxushotels Esplanade, in den Neubaukomplex integrieren zu können, hat man ihn in einer spektakulären Aktion hydraulisch um 75 Meter versetzt.

Mit dem **Beisheim Center / Lenné-Dreieck** nach Entwürfen von Hilmer & Sattler und Albrecht wurde 2004 auf der Nordseite die Neubebauung des Potsdamer Platzes abgeschlossen. Das Ensemble mit Hotels, Wohnungen und Büros zeichnet sich durch sachliche, von regelmäßigen Fenstern durchbrochene Steinfassaden aus, die an frühe Hochhausarchitekturen des späten 19. Jh.s, etwa in New York und Chicago, erinnern. Eine ähnliche Formensprache zeigt das **Delbrück-Haus** von 2003 (Hans Kollhoff und Helga Timmermann), das als Pendant zum Hochhaus des Beisheim Centers eine torartige Situation schafft.

Vom Checkpoint Charlie zum Holocaust-Mahnmal

Checkpoint Charlie in der Friedrichstraße (II F2–3) zählt heute als Gedenkstätte zu den bekanntesten Sehenswürdigkeiten Berlins. Der Nachbau des Kontrollhäuschens erinnert an den von den USA kontrollierten Grenzübergang, den in Zeiten der geteilten Stadt Militärs und Diplomaten der alliierten Mächte und andere Ausländer benutzen mussten. Das 1963 eröffnete **Haus am Checkpoint Charlie / Mauermuseum** in einem historistischen Wohngebäude und einem Neubau von Peter Eisenman zeigt die Geschichte der Berliner Mauer, insbesondere Dokumente zu den Fluchtversuchen der DDR-Bürger.

Die **Stiftung Topographie des Terrors** (I F3) in einem flachen kubischen Neubau der Architekten Ursula Wilms und Heinz W. Hallmann zeigt seit 2010 die Dauerausstellungen »Topographie des Terrors. Gestapo, SS und Reichssicherheitshauptamt in der Wilhelm- und Prinz-Albrecht-Straße« und »Berlin 1933–1945. Zwischen Propaganda und Terror« sowie die freigelegten Mauerreste der zerstörten NS-Regierungsbauten des Areals um die Wilhelmstraße.

Martin-Gropius-Bau (I F3): Das ehemalige Kunstgewerbemuseum, 1877–81 von Martin Gropius und Heino Schmieden errichtet, gilt als bedeutendstes Beispiel des Architekturstils, der sich in Berlin in der Nachfolge Karl Friedrich Schinkels ausprägte. Der kubische Baukörper aus Rohziegeln, die horizontale Geschossteilung, die dreigeteilten Fenster und die Hermen als Fensterpfosten erinnern an Schinkels Bauakademie (zerstört). Neu gegenüber diesem Vorbild waren der von Gottfried Sempers Polychromielehre beeinflusste, farbige Materialreichtum und der üppige Bilderschmuck der Fassade: Verschiedenfarbige Ziegel, Sandsteingesimse, Terrakottareliefs und in Venedig hergestellte Glasmosaike sollten auf die verschiedenen Techniken des Kunstgewerbes und damit auf die Funktion des Museums hinweisen. In diesem Sinne sind auch die Themen des Bilderschmucks von damals bekannten Künstlern zu verstehen, die der Geschichte des Kunstgewerbes gewidmet sind. Nach starken Kriegsbeschädigungen konnte der ruinöse Bau nur dank der Intervention des berühmten Walter Gropius, Großneffe des verantwortlichen Architekten, dem Abriss entgehen und wurde 1979–81 wiederhergestellt. Dabei hat man die Raumfolge von Eingang, Vestibül, Lichthof mit zweigeschossigen Arkaden und Haupttreppenhaus wegen der damaligen Nähe zur Mauer auf die Rückseite verlegt. Heute wird der Bau als Ausstellungshaus genutzt. Der wunderschöne Lichthof ist auch ohne Ausstellungsbesuch zugänglich.

Bundesrat und **Berliner Abgeordnetenhaus**, ehemaliger **Preußischer Landtag** (II F2–3): Nachdem Preußen 1850 in eine konstitutionelle Monarchie umgewandelt worden war, errichtete man 1892–99 und 1901–04 für den Preußischen Landtag einen weitläufigen Baukomplex, der die Aufteilung des Parlaments in zwei Kammern, das Preußische Abgeordnetenhaus und das Preußische Herrenhaus, erkennen lässt. Im Gegensatz zur prunkvollen Architektur des Reichstags zeichnet sich der Landtagskomplex durch eine zwar monumentale, aber zurückhaltende Architektur im Stil der italienisch geprägten Neorenaissance aus, die als ›Bürgerstil‹ verstanden wurde. Die wechselvolle Nutzung nach Auflösung des Parlaments 1918 spiegelt die deutsche Geschichte von der Weimarer Republik über die NS- und die DDR-Zeit bis in die Gegenwart. Das preußische Abgeordnetenhaus wird nach Umbauten 1991–93 als Berliner Abgeordnetenhaus, das Herrenhaus nach umfassender Sanierung 1996–2001 vom Bundesrat genutzt.

Ehemaliges Reichspostamt / Museum für Kommunikation (II F2): Das prachtvolle historistische Gebäude, das 1871–74 nach Entwürfen des ›Postarchitekten‹ Carl Schwatlo erbaut und 1893–98 von Ernst Hake zum heutigen Großkomplex erweitert wurde, zeigt die Bedeutung der seit 1871 in Berlin zentralisierten Institution der Reichspost. Der Erweiterungsbau mit dem imposanten, gebogenen Risalit mit Kolossalsäulen beherbergte auch das 1898 eröffnete Postmuseum, das erste seiner Art weltweit. Nach starken Kriegszerstörungen zunächst modern ausgebaut, wurde 1981 mit der Rekonstruktion des historischen Baus begonnen, die 1990 mit dem Wiederaufbau des spektakulären Lichthofs fertiggestellt wurde. Das im Jahr 2000 eröffnete Museum für Kommunikation, mit einem modernen Erweiterungsbau, zeigt die Geschichte der Post (u. a. mit einer bedeutenden Briefmarkensammlung), des Nachrichtenwesens und der Kommunikation sowie ihre gesellschaftliche Bedeutung in Vergangenheit und Zukunft.

Wilhelmstraße (I/II F2–3): Nachdem bereits im 18. Jh. erste adelige Minister hier ihre Palais erbaut hatten, entwickelte sich die Straße nach 1871 mit zahlreichen Neubauten für Ministerien, Ämter und Botschaften zum Inbegriff des Berliner Regierungsviertels. Nach 1933 wurden die Wilhelm-, die **Voßstraße** und die **Prinz-Albert-Straße** (heute Niederkirchnerstraße) mit dem Komplex der Reichskanzlei mit Führerbau und -bunker, den Hauptquartieren der Geheimen Staatspolizei (Gestapo) und dem Sicherheitsdienst (SD) zum Machtzentrum des NS-Terrorregimes ausgebaut – diese Bauten sind alle zerstört. Das Gebiet ist zum Teil von DDR-Plattenbauten und den Landesvertretungen, den **Ministergärten**, überbaut. Lediglich das **Reichsluftfahrtministerium** (Nr. 97), einer der ersten NS-Bauten und heute zum **Bundesministerium für Finanzen im Detlev-Rohwedder-Haus** umgebaut, existiert noch: ein Stahlskelettbau (1935/36, Ernst Sagebiel) in gigantischen Dimensionen, mit Muschelkalkplatten einheitlich verkleidet.

Holocaust-Mahnmal (II E2): Das »Denkmal für die ermordeten Juden Europas«, so die offizielle Bezeichnung, wurde 2003–05 nach einem Entwurf des New Yorker Architekten Peter Eisenman angelegt. 2711 quaderförmige, unterschiedlich hohe Betonstelen stehen in parallelen Reihen auf einer 19 000 Quadratmeter großen, gewellten Grundfläche. Unter dem bewegten Stelenfeld liegt der »Ort der Information«, wo die Verfolgung und Vernichtung der europäischen Juden dokumentiert werden. Der Realisierung gingen jahrelange Diskussionen und Planungen zu Ort, Gestalt und Inhalt des Mahnmals sowie ein nicht realisierter Wettbewerb von 1994 voraus. Beim zweiten Wettbewerb von 1997 wurde gefordert, »das Denkmal und der Ort der Erinnerung (solle sich) an die kontemplative und emotionale Empfänglichkeit des Besuchers (richten)«. Mit seinem prämierten Entwurf schuf Eisenman, so der Künstler selbst, »einen Ort ohne bestimmte Bedeutung«. Dennoch erinnern die Stelen an Grabsteine und die Gesamtanlage an Soldatenfriedhöfe. Schon drei Jahre nach Fertigstellung zeigten viele der innen hohlen Stelen starke Risse und müssen daher saniert werden.

Vom Märkischen Ufer über Fernsehturm und Alexanderplatz nach Norden

Vom Märkischen Ufer durch das alte Berlin zum Alexanderplatz

Märkisches Ufer (II G2): Die grachtenartige Bebauung des 18. und 19. Jh.s am Spreekanal vermittelt einen Eindruck von der ursprünglichen Stadtstruktur dieser Gegend, geht aber auf eine Rekonstruktion der 1960er und 1970er Jahre zurück. Damals hat man einige historisch wertvolle Häuser von anderen Standorten hierher versetzt, darunter das **Ermelerhaus** (Nr. 10) von 1760, das 1804 für den neuen Besitzer, einen Tabakhändler (siehe die Darstellungen zum Thema im Fries), eine klassizistische Fassade erhielt. Im Inneren bestehen noch die Rokokotreppe, der Festsaal mit Deckengemälde und das Rosenzimmer. Weitere sehenswerte historische Patrizierhäuser sind Nr. 12, 16 und 18. Die alte Bebauung am gegenüberliegenden nördlichen Ufer war zum großen Teil erhalten, wurde aber zu DDR-Zeiten für den Bau der Hochhäuser auf der Fischerinsel abgerissen.

Märkisches Museum / Stadtmuseum Berlin (II G2): Das Museum wurde 1899–1908 vom Stadtbaurat Ludwig Hoffmann als weltweit erstes Stadtmuseum zur regionalen Kulturgeschichte errichtet. Die mit mehreren Baukörpern in verschiedenen Architekturstilen malerisch am Park gruppierte Anlage wirkt wie ein historisch gewachsener Komplex aus der Zeit der Backsteingotik und der Renaissance. Die Grundidee war, wie beim kurz zuvor entstandenen Bayerischen Nationalmuseum in München, die Architektur stilistisch den ausgestellten Objekten anzupassen. Hoffmann orientierte sich dafür zum Teil an konkreten einheimischen Vorbildern wie etwa der Katharinenkirche in Brandenburg für den Haupttrakt in der Art einer gotischen Kirche mit Giebel. Nach Süden liegt ein dreiflügeliger Bau im Stil der Renaissance. Auch mehrere originale Bauteile wurden eingefügt. Nach Kriegsschäden und Veränderungen zu DDR-Zeiten hat man 1995 die ursprüngliche Raumstruktur Hoffmanns wieder zurückgebaut und die Bestände Ost- und West-Berlins im »Stadtmuseum Berlin« vereinigt. 2023–28 wird das Museum zusammen mit dem benachbarten ehem. **Marinehaus** von 1908 zum **Museums- und Kreativquartier** ausgebaut. Die Dauerausstellung zu Geschichte, Kultur und Alltag Berlins vom Mittelalter bis in die Gegenwart gezeigt, mit Gemälden, Grafiken, Skulpturen, Münzen, Möbeln, Waffen, Urkunden, Karten und Globen, Stadtmodellen, Messinstrumenten, Plakaten, Spielzeug und Musikinstrumenten u. a., wird neu präsentiert.

Nikolaiviertel (II G2): Berlins ältester Siedlungskern um die Nikolaikirche ging wie das Viertel um die Marienkirche im Bombenhagel des Zweiten Weltkriegs unter. Zunächst blieb das Gebiet für Jahrzehnte als Ruinenfeld liegen. 1979 entschloss sich die DDR-Regierung, anlässlich der 1987 anstehenden 750-Jahr-Feier der Stadt, hier ein Stück des alten Berlin mit engen, verwinkelten Gassen und kleinteiliger Häuserparzellierung wiederaufzubauen, um den Eindruck eines mittelalterlichen Viertels zu erwecken. Die wenigen als Ruine erhaltenen Bauten wurden restauriert, architektonisch wertvolle Häuser wurden aus anderen Stadtvierteln hierher versetzt und mit Neubauten aus Beton-Fertigteilen kombiniert, die sich mit ihren Arkaden und Giebeln frei an historischen Vorbildern orientieren. 2018 wurde das Nikolaiviertel unter Denkmalschutz gestellt: als Zeugnis für ein Umdenken in der Baupolitik der DDR, die damals von einem neuen historischen Bewusstsein geprägt war.

Nikolaikirche (II G2): Die erste Pfarrkirche Berlins bildete ◆ einst mit dem angrenzenden Marktplatz das Zentrum der mit-

Innenraum der Nikolaikirche

telalterlichen Stadt. Von der frühesten, 1220–30 erbauten, romanischen Kirche bestehen heute nur noch die unteren Geschosse der massiven Westtürme aus Granit-Feldsteinen, das älteste architektonische Zeugnis Berlins. Diese romanische Basilika wurde um 1290/1300 zu einer gewölbten gotischen Hallenkirche umgebaut. Wohl nach dem verheerenden Stadtbrand von 1380 entstand bis 1470 die dritte Kirche, die heutige Anlage aus Backstein, mit dem Aufkommen der Gotik das charakteristische Baumaterial der Architektur Norddeutschlands. Unter dem Einfluss süddeutscher Vorbilder erhielt die dreischiffige, kreuzgratgewölbte Hallenkirche einen Umgangschor mit Kapellenkranz, das erste Beispiel dieser Art in der gotischen Baukunst Brandenburgs, das letztlich auf die französischen Kathedralen zurückgeht. Die Pfeiler erhielten wie in der Marienkirche die für die Berliner Gotik charakteristische Form des achteckigen Bündelpfeilers mit halbrunden Vorlagen und Graten, im Chor mit Zickzack- und Wellenmuster besetzt. 1452 wurde an der Südwestecke neben den Türmen die Liebfrauenkapelle mit Staffelgiebel am Außenbau errichtet, ein typisches Motiv der Backsteingotik in der Mark Brandenburg. Ende des 15. Jh.s fügte man an der Nordseite eine weitere zweigeschossige Kapelle hinzu. Die großen Türme der Westfront gehen erst auf eine neugotische Ergänzung von 1876–78 zurück. Beim Wiederaufbau 1980–87 nach Kriegszerstörungen konnte im Inneren dank erhaltener Spuren die ursprüngliche Farbigkeit rekonstruiert werden. Von der ehemals reichen **Ausstattung** ist die Grabkapelle des Finanzministers Johann Andreas von Kraut (nördliche Turmhalle) von 1723 hervorzuheben, ein Hauptwerk des Berliner Barock von Johann Georg Blume, einem Schüler von Andreas Schlüter. Von Schlüter selbst stammt das reich ausgestattete Eingangsportal zur Gruft des Hofgoldschmieds Daniel Männlich von 1701, mit vergoldetem Porträtmedaillon des verstorbenen Ehepaars vor einer Draperie, flankiert von der expressiven Gestalt des Todes, die nach einem Kind greift, und einem entsetzt die Szene beobachtenden Jüngling. Auch die übrigen Grabmäler bezeugen – trotz zahlreicher Verluste –, dass die Nikolaikirche jahrhundertelang der bedeutendste Begräbnisplatz Berlins war. Als Teil des **Stadtmuseums Berlin** wird hier eine Dauerausstellung zur Geschichte der Kirche selbst wie auch des Nikolaiviertels gezeigt.

Knoblauchhaus (II G2): Das barocke Gebäude von 1759–61 gehört zu den authentischen alten Bauten im Nikolaiviertel. 1806 erhielt es eine klassizistische Fassade, und seit 1989 zeigt es als Teil des **Stadtmuseums Berlin** eine Sammlung zur Wohnkultur des Biedermeier in Berlin.

Die **Gerichtslaube** (II G2) ist eine Kopie des mittelalterlichen, barock veränderten Baus, der anlässlich der Errichtung des Roten Rathauses 1871 abgerissen und, neugotisch restauriert, in den Park von Schloss Babelsberg übertragen worden war.

Das **Ephraim-Palais** (II G2), das 1935/36 zugunsten einer Verbreiterung des Mühlendamms abgerissen worden war, konnte 1985–87 im Nikolaiviertel, nur wenige Meter vom ursprünglichen Standort entfernt, originalgetreu rekonstruiert werden, da man die Teile eingelagert hatte. Berlins bedeutendstes Rokokopalais errichtete 1762–66 der damalige Oberbaudirektor Friedrich Wilhelm Diterichs für den Hofjuwelier und Bankier Veitel Heine Ephraim. Das auffallendste Merkmal des Baus, der wegen seines repräsentativen Anspruchs seinerzeit großes Aufsehen erregte, ist die um die gerundete Ecke herumgeführte Front mit toskanischen Säulen, kolossalen Pilastern und Balkonen mit reich verzierten, schmiedeeisernen Geländern sowie einer von Vasen bekrönten Dachbalustrade. Auch der Grundriss ist ungewöhnlich: Vom Mittelportal gelangt man in die über einer Diagonalachse angeordneten Haupträume, von der ovalen Eingangshalle über das ovale Treppenhaus in den ovalen Salon. Das zum **Stadtmuseum Berlin** gehörige Museum zeigt während der Schließung des Märkischen Museums anhand originaler Objekte die Dauerausstellung »BerlinZEIT – Die Stadt macht Geschichte!« von der Gründung Berlins bis in die Gegenwart.

Das **Palais Schwerin** (II G2) gehört zu den wenigen historischen Zeugnissen Alt-Berlins, auch wenn es 1935–37 um mehrere Meter hinter die ehemalige Straßenflucht versetzt und in die Anbauten für die neue **Münze** integriert wurde. Den barocken Kernbau des Palais ließ sich Otto Graf von Schwerin 1699–1704 von Jean de Bodt, dem damals prominentesten Architekten für Berliner Privatpalais, errichten, wohl unter Verwendung eines älteren Hauses. Die zurückhaltend gegliederte Fassade erinnert an Pariser Wohnbauten der Zeit. Von bemerkenswerter Qualität sind die Bauskulpturen.

Altes Stadthaus / Molkenmarkt (II G2): Das monumentale, repräsentative Gebäude entstand 1902–11 zur Entlastung des Roten Rathauses für die Verwaltung der seit 1860 schnell wachsenden Stadt. Der Architekt, Stadtbaurat Ludwig Hoffmann, bildete die Hauptfassade des trapezförmigen Vierflügelbaus an der schmalsten Seite zum Molkenmarkt aus: eine durch Mittel- und Eckrisalite rhythmisierte und durch kolossale, dorische Pilaster- und Säulenordnung gegliederte Front klassizistischer Prägung, überragt von einem hohen, überkuppelten Mittelturm mit doppelgeschossiger Säulenstellung in Anlehnung an die Türme der Kirchen auf dem Gendarmenmarkt. Das sparsam mit Jugendstildekor ausgestattete Innere beherbergt neben Büros auch den repräsentativen Bärensaal für Feierlichkeiten. Nach Kriegsschäden zunächst vereinfacht aufgebaut, wurde das Gebäude ab 1994 wieder in seinen Originalzustand zurückversetzt. Auf der Fläche vom Stadthaus bis zum Roten Rathaus, heute von der breiten Schneise der Grunerstraße zerschnitten, soll wieder das historische Stadtviertel um den Molkenmarkt, einst der älteste Marktplatz Berlins, hergestellt werden.

Parochialkirche (II G2): Die erste Barockkirche Berlins, ein wichtiges Bauprojekt der Regierungszeit Friedrichs III./I., hatte eine komplizierte Baugeschichte. Der Zentralbau mit vier Konchen nach dem Vorbild von S. Maria della Consolazione in Todi wurde 1695 vom Architekten Johann Arnold Nering begonnen und ab 1698 von Martin Grünberg in vereinfachter Form weitergeführt und durch einen Vorbau ergänzt. Nach einer Idee von Jean de Bodt, einem wichtigen Architekten unter Friedrich I., realisierte Philipp Gerlach 1713/14 den barocken Turmaufbau, dessen Obergeschosse mit Glockenspiel nach den Kriegszerstörungen erst 2015/16 rekonstruiert worden sind. Das Innere, heute für Konzerte und Ausstellungen genutzt, ließ man beim Wiederaufbau ab 1991 im rohen Mauerwerk und mit offenem Dachstuhl stehen. Wegen der ursprünglichen urbanistischen Situation mit der engen Umbauung war anders als heute von der Straße nur der Eingangsbau mit dem Turm zu sehen.

Palais Podewils (II G2): 1701–04 für einen bürgerlichen Finanzbeamten erbaut, wurde das Palais 1732 an Staatsminister Heinrich Graf von Podewils verkauft. Der Architekt Jean de Bodt wartete mit einer ganzen Reihe von neuen Elementen der Fassadengestaltung auf, die die Berliner Palais des 18. Jh.s im Stil des von Frankreich beeinflussten, ›strengen‹ preußischen Barock prägten: darunter die markante horizontale Gliederung durch Gesimsbänder, die – typisch barocke – Zentrierung durch einen dominanten Mittelrisalit mit kolossalen Doppelpilastern und Dreiecksgiebel, Freitreppe und Balkon sowie schließlich das Mansarddach. Nach den Kriegszerstörungen wurde nur der Außenbau original wiederhergestellt, das Innere nutzt das Gripstheater.

Stadtmauer (II G2): In der Waisenstraße hat sich der einzige Rest der mittelalterlichen Stadtmauer, die im 14. Jh. aus Feld- und Backsteinen angelegt wurde, erhalten. In der Nachbarschaft stehen mehrere Bürgerhäuser des 18. Jh.s, darunter das historische Gasthaus »Zur letzten Instanz«.

Von der **Franziskanerkirche** (II G2) hat sich seit der Zerstörung im Zweiten Weltkrieg nur eine suggestive Ruine erhalten, die nur noch erahnen lässt, dass der 1249 urkundlich nachgewiesene Bau als Wegbereiter der gotischen Architektur Berlins eine wichtige Stellung einnahm. Bettelorden wie die Franziskaner waren in ganz Europa wichtige Vermittler ordenseigener gotischer Bautraditionen, nahmen aber auch lokale Anregungen auf, wie hier vom Magdeburger Dom sowie von den Zisterzienserkirchen Lehnin und Chorin. Die dreischiffige Pfeilerbasilika mit Kreuzgratgewölbe und langem, polygonal geschlossenem Chor mit schmalen Maßwerkfenstern verdankt ihre aufwendige Gestaltung aber auch den askanischen Markgrafen, den damaligen Landesherren in Berlin, denen die Kirche als Grablege diente. Der Chor mit fast völlig in Maßwerkfenster aufgelösten Wänden zeigt weiter entwickelte gotische Formen als das Langhaus und wird daher um 1300 datiert. Nachdem das angrenzende Kloster, nach den Kutten der Franziskaner »Graues Kloster« genannt, 1539 im Zuge der Reformation aufgelöst wurde, zog hier ein Gymnasium ein, das bis heute unter diesem Namen eine prominente Ausbildungsstätte Berlins geblieben ist. Nach den Kriegszerstörungen wurden die Klostergebäude vollständig abgetragen.

Das **ehemalige Land- und Amtsgericht Berlin-Mitte** (II G2) wurde 1896–1904 von Otto Schmalz nach Vorentwürfen von Thoemer & Mönnich erbaut (1968 wurden Teile abgerissen). Justizpaläste entwickelten sich erst in der zweiten Hälfte des 19. Jh.s zu einer repräsentativen öffentlichen Bau-

Eingangshalle des Land- und Amtsgerichts Berlin-Mitte

aufgabe: Im Zuge der Vereinheitlichung des Justizwesens nach der Reichsgründung prägte sich der Typ des monumentalen Großbaus im Stil des Neobarock aus, der unterschiedliche Funktionen unter einem Dach vereinigte und die Rechtspflege als dritte Macht im Staat verkörperte. Zu den Merkmalen gehörten auch die aufwendig gestaltete Eingangshalle und das großartige Haupttreppenhaus, hier mit kompliziert geführten, geschwungenen Läufen, die von einem Pfeilersystem getragen werden, das an gotische Kathedralen erinnert – eine der beeindruckendsten Raumschöpfungen dieser Zeit in Berlin.

Das **Rote Rathaus** (II G2), heute Sitz des Berliner Senats und des*der Regierenden Bürgermeister*in, entstand 1861–69 anstelle des alten Berliner Rathauses. Für den wesentlich größeren Neubau im Rundbogenstil nach Entwurf des königlichen Baurats Hermann Friedrich Waesemann musste ein ganzes Wohnquartier abgerissen werden. Die weitläufige Vierflügelanlage aus rotem Ziegel – daher der Name – akzentuiert an der Hauptfront ein mächtiger Turm nach dem Vorbild flämischer Rathäuser des Spätmittelalters – ein bewusst gewählter Gegensatz zur klassizistisch geprägten Tradition königlicher Bauvorhaben in Berlin. Der Relieffries aus Terrakotta an der Fassade illustriert die Geschichte der Stadt bis zur Reichsgründung 1871. Nach Kriegsschäden wurde das Rathaus 1953/54 wiederaufgebaut, das Innere teilweise in modernen Formen.

Marx-Engels-Forum / Rathausforum (II G2): Nach der Kriegszerstörung und dem anschließenden Totalabriss der dicht bebauten Berliner Altstadt um die Marienkirche plante die DDR zunächst, hier ein neues Stadtzentrum zu errichten. Von dem von Ost-Berlins Hauptarchitekt Hermann Henselmann von der Spree bis zum Alexanderplatz geplanten »Zentrumsband« wurde schließlich nur die riesige begrünte Freifläche umgesetzt, die zum Teil von modernen Bauten wie den Rathauspassagen begrenzt wird. Die Bronzestatuen von Karl

Marx und Friedrich Engels von Ludwig Engelhardt wurden 1986 hier aufgestellt und gaben dem Marx-Engels-Forum seinen Namen. In der Nachbarschaft stehen weitere DDR-Kunstobjekte mit marxistischen Themen. Ab 2024 soll die riesige Freifläche zwischen Spree und Fernsehturm zu einer neuen, einheitlichen Grünfläche, dem Rathausforum, mit dem Neptunbrunnen auf der zentralen Achse umgestaltet werden. Damit ist die Diskussion um eine bauliche Rekonstruktion der historischen Mitte Berlins aber noch nicht ganz vom Tisch.

Der **Neptunbrunnen** (II G2) von 1886–91, eine der größten Brunnenanlagen der Welt und das Hauptwerk des kaiserzeitlichen Bildhauers Reinhold Begas, stand ursprünglich auf dem südlichen Schlossvorplatz, wo er nach der Sprengung des Schlosses 1951 entfernt wurde. Das kleeblattförmige Wasserbecken aus Granit ist nach dem Vorbild der römischen Barockbrunnen von Gianlorenzo Bernini mit einem reichen Figurenprogramm aus Bronze mit künstlicher grüner Patina ausgestattet: Über einem Felssockel, den naturalistisch gestaltete Meeres- und Flusstiere umgeben, tragen Tritonen eine große Muschel mit dem Meeresgott Neptun, erkennbar am Dreizack. Auf dem Brunnenrand lagern weibliche Gestalten, die Personifikationen der deutschen Flüsse Rhein, Weichsel, Oder und Elbe.

Die **Marienkirche** (II G1) war im Unterschied zur heutigen isolierten Lage auf einer weiten Freifläche ursprünglich dicht umbaut von Bürgerhäusern. Der Bau entstand Ende des 13. Jh.s bis Anfang des 14. Jh.s im Zuge der ersten mittelalterlichen Stadterweiterung von 1250 als zweite Pfarrkirche Berlins. Nach Beschädigungen durch den Stadtbrand von 1380 kam es zu Umbauten, und es entstanden wohl die heutigen spätgotischen Sterngewölbe im Chor und im östlichen Langhaus. 1418 bis Ende des 15. Jh.s wurde die Kirche im Westen durch einen Turmanbau mit Netzgewölben erweitert. 1789/90 schuf Carl

Gotthard Langhans den heutigen, kupferbeschlagenen Turmaufsatz, bei dem erstmals klassizistische mit neogotischen Formen kombiniert sind. Die 1727 auf der Südseite hinzugefügte Magistratsloggia wurde 1893/94 neugotisch umgestaltet. Das **Innere**, eine dreischiffige, gotische Backsteinhalle mit sechsjochigem Langhaus und einschiffigem, polygonal geschlossenem Chor, vertritt den frühen Typus der städtischen Hallenkirchen Brandenburgs, mit der für den gotischen Kirchenbau Berlins typischen Pfeilerform, einem Achteckkern mit rings herum vorgesetzten Halbsäulen. Die **Ausstattung**, darunter zahlreiche Grabdenkmäler und -platten, Altäre, Gemälde und Skulpturen (nach dem Zweiten Weltkrieg teilweise durch Stücke aus der Nikolai- und der Franziskanerkirche ergänzt) bieten einen guten Überblick über die Berliner Malerei und Skulptur vom späten Mittelalter bis in die Zeit um 1800. Besondere Beachtung verdienen: im Chor das Bronzetaufbecken von 1437 und das Wandgrabmal des Generalfeldmarschalls Otto Graf von Sparr von 1662 von Artus Quellinus d. Ä. aus Antwerpen, ein Beispiel für den Einfluss des flämischen Barock im 17. Jh.; im Langhaus das Grabmal für Joachim Zerer von Hans Schenk, genannt Scheußlich, von 1543 sowie die beiden Tafeln »Beweinung Christi mit der Stifterfamilie Grieben« und »Gefangennahme Christi« (um 1500), Hauptwerke der Renaissanceskulptur und -malerei in Berlin; ferner die barocke Kanzel von 1702/03 von Andreas Schlüter, der den gotischen Langhauspfeiler abschnitt und durch vier ionische Säulen ersetzte, an die der Kanzelkorb unsichtbar montiert wurde – damals eine technische Meisterleistung; die Orgel mit barockem Prospekt sowie vor allem der berühmte »Totentanz« in der Turmhalle, wohl um 1484/85 nach einer schweren Pestepidemie entstanden. Der 22 Meter lange Freskenstreifen zeigt Vertreter aller Stände – von Papst und Kaiser bis zum Narren – im Reigen mit tanzenden Leichnamen, angeführt von einem Franziskanermönch: Es ist die bedeutendste erhaltene Darstellung dieses Themas in der Nordhälfte Deutschlands und zugleich ein Hauptwerk der spätgotischen Wandmalerei in Berlin. Die Verse gelten als älteste erhaltene Zeugnisse Berliner Dichtung.

Fernsehturm (II G1): Der 1965–69 nach Plänen von Hermann Henselmann und Jörg Streitparth errichtete Turm für Funk- und Fernsehübertragungen markierte, geschickt in die Sichtachsen vieler Straßen platziert, das neue Zentrum Ost-Berlins. Angeregt von dem 1957 von der Sowjetunion ins All geschossenen Satelliten »Sputnik« erhält das mit 368 Metern höchste Bauwerk der Stadt seine markante Form durch den hyperbolischen Stahlbetonschaft, dem eine Stahlfacettenkugel von 32 Metern Durchmesser mit Aussichtsgeschoss und rotierendem Telecafé und eine Antenne aufgesetzt sind – damals eine technische Meisterleistung. 1969–72 fügten Walter Herzog und Herbert Aust zu Füßen des Turms Pavillons mit spitzem Betonfaltwerk hinzu, das an expressionistische Architekturformen erinnert, sowie die Wasserbecken mit stündlich hochschießenden Wasserfontänen.

Der **Alexanderplatz** (II G1) ist als »Platz des Ostens« (so in der DDR-Zeit) bekannt, hatte sich aber schon Anfang des 20. Jh.s zu einem belebten Verkehrsknotenpunkt mit Kaufhäusern und Bahnhöfen für Stadt- und U-Bahn entwickelt – 1929 literarisch verewigt durch Alfred Döblins Roman *Berlin Alexanderplatz*. Nach einem Wettbewerb für den Ausbau zum »Weltstadtplatz«, an dem namhafte Architekten des Neuen Bauens teilgenommen hatten, wurden 1930–32 nur das **Alexanderhaus** und das **Berolinahaus** nach Entwürfen von Peter Behrens ausgeführt: rasterförmige, mit Muschelkalkplatten verkleidete Betonrahmenkonstruktionen. Die Funktion der beiden Gebäude als Torbauten zur Altstadt betonen gläserne, nachts wie Lichtkästen beleuchtete Aufzugsschächte an den Stirnseiten. Nach den Kriegszerstörungen wurde der Platz

1964–73 auf einem vierfach vergrößerten Grundriss zum »sozialistischen Stadtzentrum« mit aufgelockerter Bebauung und breiten Straßenzügen umgestaltet. Aus dieser Zeit stammen: **Haus des Lehrers** von Hermann Henselmann u. a., 1961–64, als Stahlbetonkonstruktion mit Aluminiumvorhangfassade (Curtain Wall) ein frühes Beispiel moderner Architektur in der DDR und mit einem für die DDR-Kunst wichtigen Bildwerk, dem friesartigen Wandbild von Walter Womacka an der Fassade; der benachbarte voll verglaste Flachbau der **Kongresshalle**, ebenfalls im Stil der internationalen Moderne; das Scheibenhochhaus des ehemaligen Forum Hotels (jetzt **Park Inn Hotel**; 1967–70) sowie das ehemalige Centrum Warenhaus, das größte Kaufhaus der DDR (jetzt **Galeria Kaufhof**; 1967–70; Umbau durch Josef Paul Kleihues 2004). Seit 1969 schmücken die Platzfläche Walter Womackas »Brunnen der Völkerfreundschaft« und Erich Johns »Urania-Weltzeituhr«. In den 2020er Jahren entwickelt sich der »Alex« zu einer Großbaustelle: In Anlehnung an den (inzwischen überarbeiteten) Masterplan der Architekten Hans Kollhoff und Helga Timmermann von 1993 werden mehrere Hochhäuser errichtet, u. a. von renommierten Architekten wie Sauerbruch Hutton oder Frank Gehry – sie werden den großstädtischen Charakter des Platzes verstärken.

Volksbühne (II G1): Dieses erste moderne Theater Berlins und Hauptwerk des bedeutenden Theaterarchitekten Oskar Kaufmann entstand 1913/14 als Teil einer geplanten Sanierung des sozial problematischen Scheunenviertels für den Verein »Freie Volksbühne«, der breiten Kreisen der Bevölkerung Zugang zu Theaterbesuchen ermöglichen wollte. Die Fassade des langgestreckten Baus zeichnet sich durch einen zwischen fensterlosen Seitenblöcken eingespannten, gewölbten Mittelteil mit kolossalen dorischen Säulen aus. Nach weitgehender Kriegszerstörung wurde das Äußere vereinfacht wiederaufgebaut (ohne Mansarddächer), während der Zuschauerraum in historisierenden Formen der 1950er Jahre erneuert wurde – er gilt als wichtiges Zeugnis der DDR-Architektur. Am Volkstheater wirkten so wichtige innovative Regisseure wie Max Reinhardt, Erwin Piscator und Frank Castorf.

Vom Hackeschen Markt nach Norden in die Spandauer Vorstadt

Heiliggeistkapelle (II G1): Die um 1300 aus Backstein erbaute gotische Kapelle hat als einziges Gebäude den Abriss des angrenzenden Heiliggeistspitals im 19. Jh. überlebt. Die Kapelle bildet zur Straßenseite einen stufenförmigen Giebel mit Maßwerk aus. Um 1510/20 erhielt der einschiffige Innenraum das für die Spätgotik typische Sterngewölbe. Beim Bau der Handelsschule Anfang des 20. Jh.s wurde die Kapelle in den Komplex integriert.

Der **S-Bahnhof Hackescher Markt** (II G1) ist der einzige original erhaltene Bahnhof der ehemaligen Berliner Stadtbahn, auch Hochbahn genannt, die seit 1878 auf gemauerten Viadukten als Ost-West-Verbindung über dem zugeschütteten Festungsgraben verläuft. Die zweigeschossige Ziegelarchitektur des Außenbaus im Stil der Neorenaissance von Johannes Vollmer von 1878–82 spiegelt die Konstruktion wider: Über stark profilierten Bögen erheben sich die Fassaden der Bahnsteighalle, durch Pilaster in Felder mit Rundfenstern, Terrakotta-Ornamenten und farbig abgesetzter Inkrustation unterteilt. Die Bahnsteighalle überfangen flache Eisenbögen mit hölzernem, teilweise verglastem Satteldach.

Hackesche Höfe (II F/G 1): Am Rand des Scheunenviertels, Ende des 19. Jh.s ein sozialer Brennpunkt, errichtete der Architekt und Bauunternehmer Kurt Berndt 1906/07 die da- ◆

Hackesche Höfe: erster Innenhof

mals größte Wohn- und Gewerbeanlage Deutschlands. Die Weitläufigkeit des Komplexes mit acht Innenhöfen und das damals neue Konzept der Mischnutzung – Büros, Gewerbe, Gastronomie, kulturelle Einrichtungen und Wohnungen, jeweils getrennt nach Höfen – war Ideen der Lebensreformbewegung verpflichtet, die sich für ein ›natürliches‹ und gesundes Leben einsetzte. Der berühmte erste Innenhof beim Hackeschen Markt, den August Endell mit hohen Lisenen und geometrischen Ornamenten aus farbig glasierten Klinkern schmückte, stellt eines der schönsten Beispiele des Jugendstils in Berlin dar. Bei der Sanierung 1995/96 entwickelte das Architekturbüro Weiß & Partner eine neue, am Jugendstil orientierte Straßenfassade zum Hackeschen Markt. Auch heute erfreut sich die gelungene Mischnutzung des Komplexes großer Beliebtheit.

Sophienkirche (II F1): Die nach der Stifterin Königin Sophie Luise benannte Pfarrkirche der Spandauer Vorstadt geht vielleicht auf Pläne von Philipp Gerlach von 1712 zurück. Der schlichten Saalkirche setzte der Architekt Johann Friedrich Grael 1732–34 in Anlehnung an den Münzturm des Schlosses von Andreas Schlüter (zerstört) einen hohen, markant durch Freisäulen und Gebälke belebten Glockenturm vor, heute der einzige original erhaltene Barockturm Berlins. Das Kircheninnere wurde 1892 neobarock umgestaltet. Wenig später entstand auch die Häuserbebauung, mit der man eine reizvolle Blickachse von der Straße auf den Kirchturm schuf.

Die **Neue Synagoge / Centrum Judaicum** (II F1) wurde 1859 als Hauptsynagoge für die nach der staatsbürgerlichen Gleichstellung stark angewachsene jüdische Gemeinde Berlins nach einem Entwurf von Eduard Knoblauch im maurischen Stil, kombiniert mit moderner Eisenkonstruktion, begonnen und 1866 von Friedrich August Stüler vollendet. Das Hauptwerk des orientalisierenden Stils in Berlin erhielt auf Wunsch der Gemeinde eine prächtige vergoldete Kuppel, die sich nicht wie üblich über dem kultischen Hauptraum, sondern über der Eingangshalle erhebt, um an der Straßenfront gut sichtbar zu sein – als Symbol der neuen Stellung der Juden in der Gesellschaft. Aber der prunkvolle ›fremde‹ Stil der Synagoge löste damals in der Gemeinde auch heftige Kontroversen aus. In der Reichskristallnacht 1938 gerettet, erlitt der Bau 1943 schwere Zerstörungen, die den Abriss der Vor- und Hauptsynagoge nach sich zogen. 1988–95 hat man den Fassadentrakt zur Straße wiederhergestellt und die fehlende Kuppel originalgetreu rekonstruiert. Hier ist die »Stiftung Neue Synagoge Berlin – Centrum Judaicum« untergebracht, eine Einrichtung zur Wahrung, Pflege und Erforschung jüdischer Geschichte und Kultur in Berlin, mit Archiv, Bibliothek, Betraum und der im Juli 2018 eröffneten Dauerausstellung »Tuet auf die Pforten – Die Neue

Synagoge in Berlin 1866–1995«, zur Geschichte der Synagoge und des jüdischen Lebens.

Ehemaliges Postfuhramt (II F1): Der repräsentative gelbe Ziegelbau im Stil der norditalienischen Frührenaissance, 1875–81 von den Architekten Carl Schwatlo und Wilhelm Tuckermann angelegt, erinnert an die großen Zeiten der Reichspost. Das Gebäude, das vor allem durch die imposante, abgeschrägte Eingangslösung mit achteckiger Tambourkuppel beeindruckt, vereinte erstmals verschiedene Bereiche der Post unter einem Dach, darunter auch Wagenremisen und zweigeschossige Ställe für 250 Pferde, damals in Europa einmalig. Nach Kriegszerstörungen wurde der Komplex wiederhergestellt.

Der **Dorotheenstädtische Friedhof** (II F1), der auf die Anordnung der Stadt im 18. Jh. zurückgeht, die Toten außerhalb der Mauern zu bestatten, ist vor allem für Gräber bedeutender Persönlichkeiten bekannt, darunter die Philosophen Georg Wilhelm Friedrich Hegel und Johann Gottlieb Fichte, die Schriftsteller Heinrich Mann, Bertolt Brecht und Anna Seghers, der Regisseur Heiner Müller, die Architekten Friedrich August Stüler und Karl Friedrich Schinkel. Kunsthistorisch bieten die unterschiedlich gestalteten Gräber einen ausgezeichneten Überblick über die Berliner Grabmalkunst des 19. Jh.s, von gusseisernen Kreuzen aus der Königlichen Eisengießerei Berlin und antiken Vorbildern nachempfundenen Stelen, dem gebräuchlichsten Typ des Klassizismus, bis zu tempelartigen Kleinarchitekturen. Direkt angrenzend befindet sich der **Französische Friedhof** mit den Gräbern der französischen Protestanten, die seit dem 17. Jh. nach Preußen einwanderten.

Den **Invalidenfriedhof** (I E1) ließ Friedrich der Große 1748 für die »lahmen Kriegsleut« des Invalidenhauses, damals noch außerhalb der Stadt, anlegen. Der Friedhof entwickelte sich nach den Befreiungskriegen 1813–15 zu einer Gedächtnisstätte preußischer Geschichte mit vielen Grabmälern hoher Offiziere. Da die Berliner Mauer ab 1961 durch das Areal lief, hat sich heute nur noch ein kleiner Teil der Grabdenkmäler erhalten, darunter das berühmte **Grab für General Gerhard von Scharnhorst**, 1824 von Karl Friedrich Schinkel als Monument mit ausgeprägtem Denkmalcharakter entworfen: Den Hochsarkophag auf zwei schweren Pfeilern schmücken Reliefs mit Szenen aus dem Leben des Verstorbenen von Christian Friedrich Tieck sowie ein schlafender Löwe als Bekrönung, den der Bildhauer Christian Daniel Rauch nach einem lebenden Modell schuf. Sehenswert sind außerdem die Gräber der Kommandanten des Invalidenhauses sowie die Beispiele im Berliner Eisenkunstguss und die Gräber in Form von Postamenten mit aufgesetzter Urne, ein im Klassizismus beliebter Typ.

Stadtbezirke im Norden, Osten und Süden

Von der Kulturbrauerei nach Norden

Kulturbrauerei (s. Übersichtskarte; Schönhauser Allee 36/37, Knaackstraße 97): Die ehemalige **Schultheiss-Brauerei** zählt zu den ganz wenigen erhaltenen Industriedenkmälern des 19. Jh.s in Berlin. Den weitläufigen multifunktionalen Klinkerbau für die damals größte Brauerei der Stadt schuf 1887–91 Franz Schwechten, der Architekt der Kaiser-Wilhelm-Gedächtniskirche. Nach dem Vorbild mittelalterlicher Burganlagen gruppierte er die Anlage im neoromanischen Stil um mehrere Innenhöfe und akzentuierte den Eingang durch einen markanten, übereck gestellten Turm. Nach der Schließung des Braubetriebs 1967 wurde der Komplex nach mehreren Zwischennutzungen 1998–2000 denkmalgerecht saniert, um eine der größten alternativen Kultureinrichtungen Berlins mit Theatern, Kinos, Clubs und Lokalen sowie das **Museum in der Kulturbrauerei** mit der **Sammlung Industrielle Gestaltung** aufzunehmen, mit der Dauerausstellung »Alltag in der DDR«, die anhand von Objekten, Dokumenten, Film- und Tonbeispielen die Kluft zwischen Anspruch und Lebenswirklichkeit der DDR aufzeigt.

Jüdischer Friedhof in Weißensee (s. Übersichtskarte; Herbert-Baum-Straße): Die größte erhaltene jüdische Begräbnisstätte Europas wurde 1879/80 nach Entwürfen von Hugo Licht angelegt, nachdem die älteren Friedhöfe, etwa der an der Schönhauser Allee, nicht mehr ausreichten, weil die jüdische Gemeinde stark angewachsen war. Am Haupteingang öffnet sich ein quadratischer Hof mit Arkaden, die Bauten, wie den überkuppelten Zentralbau der Trauerhalle und das Taharahaus, miteinander verbinden, alle aus gelbem Ziegel im Stil der italienischen Neorenaissance. In der Hofmitte erinnert ein Gedenkstein an die während der NS-Zeit ermordeten Juden. Er ist umgeben von kreisförmig gelegten Steinen mit den Namen aller Konzentrationslager. Entgegen dem jüdischen Brauch, nur einfache Grabsteine ohne Schmuck zu setzen, begegnet man hier wie auf christlichen Friedhöfen auch künstlerisch aufwendig gestalteten Grabmälern, mit denen wohlhabende Bürger ihre Anpassung an die Gesellschaft demonstrierten: die Familiengrabstätte Rudolf Mosse; das Grab für Albert Mendel von Walter Gropius; das Jugendstilgrab von Henriette Kalischer. Außerdem befinden sich hier die Ehrenreihe mit Gräbern verdienter Persönlichkeiten, das Urnenfeld mit der Asche von im KZ ermordeten Juden und das Ehrenmal für die im Ersten Weltkrieg gefallenen jüdischen Soldaten (1927, Entwurf Alexander Beer).

Hochbahnhof Eberswalder Straße (s. Übersichtskarte; Schönhauser Allee nahe Danziger Straße): Den original erhaltenen Bahnhof der 1879 eröffneten Ringbahnstrecke errichteten 1911–13 der Bauingenieur Johannes Bousset und der Architekt Alfred Grenander, neben Peter Behrens der wichtigste Vertreter der Berliner Industriekultur und Schöpfer zahlreicher Bahnhöfe. Der Viadukt auf Stahlstützen, auch »**Magistratsschirm**« genannt, wurde als technische Meisterleistung und wegen seiner schmucklosen, aber eleganten Form bewundert. Auch in der Bahnsteighalle bilden Konstruktion und Ästhetik eine Einheit.

Schloss Schönhausen (s. Übersichtskarte; Tschaikowskistraße 1) hat Berühmtheit erlangt als Wohnsitz der preußischen Königin Elisabeth Christine, der Gemahlin Friedrichs des Großen, die hier 1740–97 getrennt von ihrem Gatten viele Sommer verbrachte. Nach dem Zweiten Weltkrieg diente das Schloss als repräsentativer Amtssitz des ersten und einzigen Präsidenten der DDR und anschließend als Gästehaus. Der Kern des heutigen Barockbaus geht auf das Jahr 1685 zurück, als der Architekt Johann Arnold Nering für Oberhofmarschall

Joachim Ernst von Grumkow auf dem ehemaligen Rittergut der ostpreußischen Adelsfamilie Dohna ein Sommerschlösschen errichten ließ. Nachdem das Anwesen 1691 in den Besitz der preußischen Kurfürsten übergegangen war, wurde es 1704 durch Johann Friedrich Eosander von Göthe und zuletzt 1763/64 durch Johann Boumann d. Ä. zum heutigen Rechteckbau mit Mittelrisalit umgebaut. Im Inneren sind vor allem die Raumausstattungen des 17. und 18. Jh.s sehenswert, darunter der Festsaal, das einzige erhaltene Interieur Berlins im Stil des späten Rokoko, sowie das Treppenhaus und die Repräsentations- und Wohnräume mit der Zederngalerie; ferner die Gästeräume der DDR-Regierung mit dem Arbeitszimmer Wilhelm Piecks.

AEG-Fabriken am Humboldthain (s. Übersichtskarte; Brunnenstraße, Gustav-Meyer-Allee, Hussitenstraße, Voltastraße): Die 1883 gegründete Allgemeine Elektricitätsgesellschaft (AEG), die wesentlich zu Berlins Aufstieg zur Metropole der Elektroindustrie beitrug, wuchs bis 1911 zu einer Weltfirma mit 70 000 Beschäftigten heran. Auf dem riesigen Areal nahe dem Volkspark Humboldthain ließ das Unternehmen zwischen 1894 und 1913 von seinem ›Hausarchitekten‹ Peter Behrens mehrere Fabrikanlagen errichten, an denen sich die Entwicklung der Industriearchitektur nachvollziehen lässt. An die älteren Gebäude im Stil der Backsteingotik aus der Zeit vor der Berufung von Behrens erinnert heute nur noch das **Beamtenportal** von Franz Schwechten, dem Erbauer der Kaiser-Wilhelm-Gedächtniskirche, von 1897. Die **Hochspannungsfabrik** von 1910, eine Stahlbetonkonstruktion mit Klinkerverkleidung, war nach der Turbinenhalle in Moabit der zweite Bau von Peter Behrens für die AEG. Die multifunktionale Anlage umfasst eine glasüberdachte Fabrikationshalle und zwei höhere Seitenflügel für Werkstätten und Materiallager sowie einen Quertrakt über die Halle hinweg für Büros. Behrens' neuartige

Architektursprache, die Funktionalität mit von klassischen Vorbildern inspirierten, aber stark abstrahierten Formen verbindet, zeigt sich besonders an der Eingangsfront: Die Toreinfahrten zwischen den abgestuften Treppentürmen werden durch Pfeiler und zwei schmucklose Giebel akzentuiert – ein Motiv, das entfernt an die Grundformen der antiken Tempelfassade erinnert. Auch die **Kleinmotorenfabrik** von 1910–13 ist der neoklassizistischen Formensprache von Behrens verpflichtet: An der langen Straßenfassade ragen kolossale Halbsäulen – mit Klinkern ummauerte Stahlträger – auf, ohne Basis und mit nur angedeutetem Kapitell und stark vereinfachtem Gebälk. Bei der **Neuen Fabrik für Bahnmaterial**, ebenfalls aus Klinkern, entschied sich Behrens 1911/12 für ein weiter reduziertes Vokabular aus einfachen Mauerstreifen mit ganz stilisiertem Kapitell, Brüstungen und Fenstern. Für die **Montagehalle für Großmaschinenbau** erfand Behrens 1911/12 zusammen mit dem Bauingenieur Karl Bernhard eine für den Industriebau neuartige Dreigelenkbinder-Stahlkonstruktion mit großem Glasdach (verändert). Der nüchterne Außenbau aus ungegliedertem Ziegelmauerwerk und bündig eingesetzten Fenstern und Türen weist auf die Architektur der Neuen Sachlichkeit der 1920er Jahre voraus. Nach dem Auszug der AEG 1983 wurden Teile der Fabrikanlagen abgetragen und zwecks Umnutzung 1994–98 durch Neubauten von Josef Paul Kleihues ergänzt, die sich formal an Behrens' Architektur orientieren (heute Technologie-Park Berlin Humboldthain).

Die **Großsiedlung »Weiße Stadt«** (s. Übersichtskarte; Aroser Allee, Emmentaler Straße, Schillerring u. a.) zählt zu den bedeutendsten Projekten des modernen Massenwohnungsbaus der 1920er Jahre in Berlin. Die 1929–31 in Zusammenarbeit von Otto Rudolf Salvisberg mit Bruno Ahrends und Wilhelm Büning geschaffene Anlage ist nach den charakteristischen kubischen, weißen Baukörpern mit farbig abgesetzten

Fenster- und Türrahmen benannt. Zu den bekanntesten Abschnitten gehören die vorgezogenen Torbauten am Beginn der Aroser Allee und das Brückenhaus über der Straße. Die mehrgeschossigen Mietshäuser mit Wohnungen sind, wie damals im modernen Siedlungsbau beliebt, in gemeinschaftliche Grünflächen eingebettet.

Schloss Tegel (**Humboldt-Schloss**; s. Übersichtskarte; Adelheid-Allee 19–21): 1820–24 ließ sich der preußische Bildungsreformer und Gründer der Berliner Universität, Wilhelm von Humboldt, von seinem Freund, dem prominenten Architekten Karl Friedrich Schinkel, ein Gutshaus des 16. Jh.s, das seit 1766 im Besitz der Familie war, zu einer symmetrischen Anlage mit vier Ecktürmen ausbauen. Der strahlend weiß verputzte, zurückhaltend im klassizistischen Stil gegliederte Bau (auf der Eingangsseite ist noch der Vorgängerbau erkennbar) sollte sowohl an die italienische Villenarchitektur erinnern, die Humboldt als Diplomat in Rom kennengelernt hatte, als auch seine Vorliebe für die griechische Antike zeigen. Die Reliefs mit den Windgöttern nach Entwürfen der Werkstatt von Christian Daniel Rauch folgen Vorbildern am antiken Turm der Winde in Athen. Das gut erhaltene Innere, ein klassizistisches Gesamtkunstwerk, stimmte Schinkel auf die von Humboldt und seiner Frau Caroline in Rom erworbene Sammlung antiker Kunstwerke und Kopien ab, die hier aufgestellt wurde. Im von Peter Joseph Lenné gestalteten Park liegt die ebenfalls von Schinkel entworfene Grablege der Familie. Das noch immer von den Nachfahren Humboldts bewohnte Schlösschen ist nur im Rahmen von Führungen zu besichtigen.

Von der Karl-Marx-Allee nach Osten und Südosten

Karl-Marx-Allee / Frankfurter Allee (1949–61 Stalinallee): Die 1949–69 bebaute, 2,5 Kilometer lange und 90 Meter breite Straßenachse war als Prestigeobjekt der DDR-Regierung von hoher politischer Bedeutung. Die »Erste Straße des Sozialismus« mit »Wohnpalästen für das Volk« sollte die neue Gesellschaftsordnung des Staates verkörpern und als Kulisse für Aufmärsche und Paraden dienen. 1949/50 wurde zunächst in Anlehnung an den städtebaulichen Plan von Hans Scharoun zum Wiederaufbau Berlins mit dem Bau von zwei **Laubenganghäusern** im modernen Stil des Bauhauses (Nr. 102/104, 126/128) begonnen, die jedoch bei der DDR-Regierung als Vertreter des westlichen »Baukastenstils« auf Ablehnung stießen. Gemäß der Forderung von Parteichef Walter Ulbricht nach einer Architektur, die dem Leitsatz »national in der Form, sozialistisch im Inhalt« entsprach und das »Repräsentationsbedürfnis der werktätigen Bevölkerung befriedigte«, kam es zu einer Neuplanung durch mehrere Architektenkollektive unter der Oberleitung von Hermann Henselmann. Mit dem 1951/52 erbauten **Hochhaus an der Weberwiese** (Marchlewskistraße 25) lieferte er das stilistische Leitbild für die sieben- bis neungeschossige Bebauung des Straßenabschnitts zwischen Straußberger Platz und Frankfurter Tor nach dem Vorbild der Architektur Schinkels und des russischen Neoklassizismus der Stalinzeit: monumentale, palastartige Gebäude, artikuliert durch Vor- und Rücksprünge und Turmaufbauten sowie durch historische Schmuckformen wie Säulen, Giebel, Friese, Balustraden – gern als ›Zuckerbäckerstil‹ geschmäht. Der Komfort der Wohnungen war mit Aufzug, Fernwärme und Müllschlucker vergleichsweise hoch. Den architektonischen Höhepunkt bilden die von Henselmann selbst entworfenen turmartigen Komplexe der beiden Platzanlagen, am **Frankfurter Tor** mit

Karl-Marx-Allee mit Frankfurter Tor

aufgesetzten Kuppelaufbauten in Anlehnung an die Kirchen auf dem Gendarmenmarkt – heute Inbegriff der Architektur der Karl-Marx-Allee. Beim zweiten Bauabschnitt ab 1959 Richtung Alexanderplatz kam es erneut zu einem Stilwandel: Um schneller und billiger bauen zu können, entstanden nun Plattenbauten im Stil der internationalen Moderne. Architektonisch interessant als Zeugnisse der DDR-Moderne waren bzw.

sind hier nur: Café Moskau (Nr. 34), Kino International (Nr. 33), Hotel Berolina (zerstört), Kino Kosmos (Nr. 131) und die Verkaufspavillons, alle 1961–64 von Josef Kaiser. Nach der Wende wurde der Straßenzug aufwendig saniert.

East-Side-Gallery (s. Übersichtskarte; Mühlenstraße): Nach der Öffnung der Berliner Mauer haben über 100 Künstler aus aller Welt die Ostseite dieses Teilstücks mit Gemälden zu den politischen Ereignissen von 1989/90 bemalt. Nach Beschädigungen durch Verwitterung und Graffiti wurden die Bilder 2000 und 2008 saniert oder sogar erneuert. Obwohl für Bauprojekte in den vergangenen Jahren wiederholt Teilstücke entfernt wurden, ist dies heute mit 1,3 Kilometern Länge der längste erhaltene Abschnitt der Mauer und die weltweit längste Freiluftgalerie. Seit der Überführung in die Stiftung Berliner Mauer im November 2018 ist die Zukunft der Galerie gesichert.

Oberbaumbrücke (s. Übersichtskarte; zwischen Warschauer und Skalitzer Straße): Für die neue Hoch- und U-Bahn und den Straßenverkehr entstand 1894/95 nach Entwürfen von Otto Stahn eine Brücke über die Spree, eine siebenbogige Stahlbetonkonstruktion, die, mit Granit- und Ziegelsteinen verkleidet, sich durch Turmaufbauten im neogotischen Stil auszeichnet. Der Name rührt von dem Baumstamm her, mit dem die vorherige Zollbrücke im 18./19. Jh. nachts geschlossen wurde. Den Mittelteil, der 1945 gesprengt worden ist, ersetzt seit 1994 eine Stahlkonstruktion des spanischen Architekten Santiago Calatrava, der für seine Brückenentwürfe berühmt ist.

Das **Sowjetische Ehrenmal in Treptow** (s. Übersichtskarte; Treptower Park) zum Gedenken an die 20 000 im Kampf um Berlin 1945 gefallenen sowjetischen Soldaten gehört neben der Karl-Marx-Allee und der Botschaft der Russischen Föderation zu den wichtigen Zeugnissen stalinistischer Monumentalkunst in Berlin. Zugleich ist es die Grabstätte von 5000 Soldaten. Die riesige, streng axialsymmetrische Anlage (1946–49) von Jakow S. Belopolski und Jewgeni Wutschetitsch betritt man durch Triumphbögen von der Puschkinallee oder der Straße Am Treptower Park. Auf einem Vorplatz steht die drei Meter hohe Frauenstatue »Mutter Heimat«. Auf der langen Hauptachse folgen Granitpylone mit Fahnen und zwei knienden Soldaten davor sowie das symbolische Gräberfeld, flankiert von Sarkophagen mit Kriegsszenen und Zitaten von Josef Stalin. Den Abschluss der Anlage bildet ein Grabhügel mit Mausoleum, auf dem sich die Kolossalstatue eines Soldaten erhebt, der mit Kind im Arm und Schwert in der Hand ein Hakenkreuz zertritt und den Sieg über das NS-Regime symbolisiert. Bei den Verhandlungen zur deutschen Wiedervereinigung musste sich die Bundesrepublik Deutschland zur Erhaltung der sowjetischen Ehrenmäler verpflichten.

Schloss Friedrichsfelde (s. Übersichtskarte; Am Tierpark 125): Den 1685 wahrscheinlich von Johann Arnold Nering für den Generaldirektor der kurfürstlichen Marine als fünfachsiges Lustschloss errichteten Bau erweiterten die später wechselnden Besitzer, darunter verschiedene Mitglieder der kurfürstlich-königlichen Familie, im 18. Jh. zur heute sichtbaren Anlage. Es ist ein frühklassizistischer, mit Kolossalpilastern gegliederter Bau mit flachen Mittelrisaliten mit Dreiecksgiebeln und Seitenrisaliten. Im Inneren sind das Treppenhaus und der Festsaal im Stil des Klassizismus mit Wand- und Deckenmalereien (rekonstruiert) und eine Sammlung von Gemälden, Möbeln, Textilien, Gläsern und Porzellan des 17. und 18. Jh.s, zum Teil aus anderen Schlössern, zu sehen. Im Schlosspark, der sich heute weitgehend als englischer Landschaftsgarten nach Entwurf von Peter Joseph Lenné (1821) präsentiert, ist seit 1955 der **Tierpark Berlin**, der größte Landschaftstierpark Europas, untergebracht.

Schloss Köpenick (s. Übersichtskarte, Alt-Köpenick 1) gilt als bedeutendster profaner Barockbau des 17. Jh.s in Berlin. Anstelle des alten Renaissanceschlosses an der Mündung der Dahme in die Spree ließ sich Kurprinz Friedrich, später König Friedrich I., ab 1677 vom Architekten Rutger von Langenfeld das heutige Schloss in schweren Formen des holländischen Barock erbauen. Vom 1682 geplanten Ausbau zur großen barocken Dreiflügelanlage nach Plänen von Johann Arnold Nering wurden nur ein Galerieflügel und die Schlosskirche realisiert, das einzige unverändert bewahrte Bauwerk des Architekten. Kunsthistorisch bedeutend, weil nur hier erhalten, ist vor allem die frühbarocke wandfeste Innenausstattung: Zu beiden Seiten einer für die damalige Zeit repräsentativen Eichentreppe liegen Säle mit Deckengemälden von Jacques Vaillant (1684 und 1690) mit Motiven aus der antiken Mythologie, umgeben von prachtvollen Stuckaturen von Giovanni Caroveri und Giovanni Simonetti. Hauptattraktion ist der prunkvolle Wappensaal, dessen Hermenpilaster mit den Wappen der brandenburgischen Länder die kurfürstliche Macht verherrlichen. Das Schloss beherbergt heute einen Teil des Berliner **Kunstgewerbemuseums** mit Möbeln, Bildteppichen, Tafelsilber und -service aus Renaissance, Barock und Rokoko, darunter das »Große Silberbuffet«, 1695–98 in Augsburg für das Berliner Schloss hergestellt.

Von Kreuzberg nach Neukölln

Jüdisches Museum (I F3): Das ehemalige **Kollegienhaus**, ◆ auch als **Preußisches Kammergericht** bekannt und heute Teil des Jüdischen Museums, wurde 1733–35 vom königlichen Oberbaudirektor Philipp Gerlach als Sitz der Justizkollegien errichtet. Das erste Verwaltungsgebäude Berlins stellt heute das einzige Barockpalais der 1732 angelegten Friedrichstadterweiterung dar, wenn auch nach Kriegszerstörung nur im Außen-

Jüdisches Museum: Neubau von Daniel Libeskind

bau rekonstruiert. Typologisch griff Gerlach die Form des repräsentativen, privaten Stadtpalais auf: eine Dreiflügelanlage mit barocker, von einem Mittelrisalit ausgezeichneter Hauptfassade mit Mansarddach. Das Giebelfeld mit dem preußischen Staatswappen flankieren in Anspielung auf die Funktion des Gebäudes die Figuren von »Caritas« und »Justitia«. Seit 2007 überdeckt den Eingangshof ein Glasdach auf freistehenden Stützenbündeln, die sich, so der verantwortliche Architekt Daniel Libeskind, an der Form der Laubhütte orientieren. Von Libeskind stammt auch der 1991–99 erbaute, spektakuläre Neubau im Stil des Dekonstruktivismus: eine symbolträchtige, bedeutungsgeladene Architektur auf gezacktem Grundriss, der an einen zerborstenen Davidstern erinnert. Nach Libeskinds eigener Aussage entwickelte er die Baugestalt aus einem imaginären Liniengerüst, das sich aus der Verbindung der Wohnadressen von Berliner Bürgern ergibt. Den fast irritierend unruhigen Eindruck des Gebäudes unterstreichen die äußere silberglänzende Zinkverkleidung und die gesplitterten, schiefen Wände mit schrägen Fensterschlitzen ohne erkennbare Geschosseinteilung. Im Inneren präsentieren sich die Räume gespenstisch verwinkelt und sind immer wieder durch unbegehbare Leerräume, sogenannte »voids«, unterbrochen, die sich vom Untergeschoss bis unters Dach ziehen und den Verlust jüdischer Kultur während der NS-Zeit verkörpern. Drei verschiedene Achsen durch das Gebäude symbolisieren drei »Schicksalswege« des Judentums: Die »Achse der Kontinuität« endet bei der Treppe, die vom unterirdischen Zugang ins Museum führt; die »Achse des Holocaust« endet im »Holocaustturm«, einem dunklen Gedenkraum mit nur kleinem Lichtschlitz, die »Achse des Exils« führt in den »Garten des Exils« mit Betonstelen auf einem geneigten Boden als Symbol der Haltlosigkeit der aus Deutschland vertriebenen Juden. Die neue Dauerausstellung »Jüdische Geschichte und Gegenwart in Deutschland«, vorwiegend mit Objekten des 19. und 20. Jh.s, darunter viele Nachlässe von Familien, dokumentiert jüdisch-deutsche Geschichte und Kultur. Gegenüber dem Museum liegt die **W. Michael Blumenthal Akademie**, eine ehemalige Blumengroßmarkthalle, die Daniel Libeskind 2012 durch drei eingefügte, geneigte Kuben, zusätzliche Bürotrakte und den »Garten der Diaspora« zu einem Veranstaltungsort mit Bibliothek und Archiv des Jüdischen Museums umgebaut hat.

Das **Haus des Deutschen Metallarbeiter-Verbandes** (I F3; heute IG Metall) von 1929/30, der einzige erhaltene Verwaltungsbau von Erich Mendelsohn, zeigt die damals gestiegene Bedeutung der Gewerkschaften. Das ungünstig geschnittene, dreieckige Grundstück wusste Mendelsohn geschickt durch einen trapezförmigen Komplex mit erhöhtem, konkav eingeschwungenem Kopfbau mit Travertinverkleidung und bronzegerahmten Fensterbändern auszunutzen. Die äußerst moderne Architektur im Stil der Neuen Sachlichkeit sollte die progressiven politischen Ziele der Gewerkschaft zum Ausdruck bringen.

Kreuzbergdenkmal (**Nationaldenkmal für die Befreiungskriege**; s. Übersichtskarte; Viktoriapark): Zur Erinnerung an den Sieg Preußens über Napoleon ließ König Friedrich Wilhelm III. anstelle des ursprünglich geplanten neugotischen Doms 1817–21 auf dem höchsten Punkt vor den Toren der Stadt dieses Denkmal von Karl Friedrich Schinkel errichten. Für die schließlich ausgeführte Fassung als kreuzförmige Kirchturmspitze mit Tabernakeln, Wimpergen und Fialen griff Schinkel gleichwohl auf den gotischen Stil zurück, der damals als deutscher Stil schlechthin galt und daher für ein patriotisches Denkmal besonders gut passte. Die Skulpturen in den Nischen von Christian Daniel Rauch, Friedrich Tieck und Ludwig Wichmann nach Vorgaben Schinkels verkörpern, so die Inschrift darunter, die Schlachten der Befreiungskriege. In der großen Inschrift im Sockel spricht der König dem Volk seinen Dank aus. Die Spitze des ›Turms‹ ziert der in den Befreiungskriegen gestiftete Orden des Eisernen Kreuzes – daher der Name des Hügels und des Stadtviertels. Die Ausführung des Denkmals im damals europaweit geschätzten Berliner Gusseisen stand für den industriellen Fortschritt in Preußen. 1875 wurde das Denkmal mit großem technischem Aufwand auf ein acht Meter hohes Stufenpodest gehoben, damit es die zunehmende Bebauung und die höher gewachsenen Bäume überragt.

Flughafen Tempelhof (s. Übersichtskarte; Platz der Luftbrücke 1–6): Auf dem ehemaligen Exerzierplatz des Tempelhofer Feldes, wo schon seit Anfang des 20. Jh.s Flugvorführungen stattgefunden hatten und ab 1924 ein erster Flughafen angelegt worden war, realisierte der Architekt Ernst Sagebiel im Zuge der nationalsozialistischen Umgestaltung Berlins 1936–41 einen neuen Großflughafen, der den modernen Standards der Luftfahrt entsprach. Das damals größte zusammenhängende Gebäude der Welt ist ein symmetrisch angeordneter, monumentaler Komplex aus mehreren Baukörpern: Verwaltungsbauten, die sich halbrund auf den Platz ausrichten, einem Ehrenhof, einer Abfertigungshalle und einer 400 Meter langen Flugsteighalle, die durch eine Stahlbinderkonstruktion stützenfrei überdacht ist und mit den anschließenden Flugzeughallen eine über einen Kilometer lange Gebäudefront bildet, die sich konkav geschwungen auf das Rollfeld öffnet. Die funktionale Organisation der Anlage mit einer räumlichen Trennung der verschiedenen Funktionen wie Ankunft und Abflug war damals einzigartig und wurde zum Vorbild für zukünftige Flughafenbauten. Formal ist die Architektur trotz der innovativen Bautechnik dem Monumentalstil der NS-Zeit verpflichtet, mit riesigen, steinverkleideten Wandflächen und strengen Fensterreihen. 1948/49 während der Blockade West-Berlins durch die Sowjetunion starteten und landeten hier die Flugzeuge der Westmächte, die über eine Luftbrücke die Versorgung der Berliner Bevölkerung sicherstellten. Daran erinnert auf dem Platz vor dem Flughafen das »Luftbrückendenkmal« (1951, Eduard Ludwig) mit den drei Rippen als Verkörperung der drei damaligen Luftkorridore. Nach der Eröffnung des Flughafens Tegel 1975 wurde Tempelhof für den zivilen Flugverkehr kaum noch genutzt, aber nach der Wende 1989 erneut geöffnet, bis er 2008 endgültig geschlossen wurde. Seit 2010 ist das freie Gelände unter dem Namen »Tempelhofer Feld« für die Öffentlichkeit zugänglich, das Flughafengebäude kann im Rahmen von Führungen besichtigt werden. Neue Pläne für eine zukünftige Nutzung schlagen einen »Experimentierort für Kunst, Kultur und Kreativwirtschaft« vor, u. a. mit dem Alliierten-Museum aus Dahlem (s. S. 177). Aber zunächst muss das Gebäude umfassend saniert werden.

Ullstein-Druckhaus (s. Übersichtskarte; Mariendorfer Damm 1–3): Das bedeutende Baudenkmal des Backsteinexpressionismus und erste als Stahlbetonskelettbau konzipierte Hochhaus Berlins errichtete der Architekt Eugen Schmohl 1925–30 für den großen Zeitungs- und Buchverlag. Die neue Bautechnik, die das Gewicht der Druckmaschinen erforderte, wurde allerdings nicht sichtbar gemacht, sondern durch gotisierende Klinkerfassaden mit starker Vertikalgliederung verkleidet. Aus dem mehrgeschossigen Gebäude ragt der nach dem Vorbild des Borsigturms gebildete hohe Turm heraus. Unter den Bildhauerarbeiten sticht vor allem die überdimensionale Bronzeeule (Fritz Klimsch) heraus, noch heute das Symbol des Ullstein Verlages.

Dorfkirche Alt-Marienfelde (s. Übersichtskarte; An der Dorfkirche 5): In vielen bis zur Eingemeindung nach Groß-Berlin 1920 selbstständigen Ortschaften haben sich noch mittelalterliche Dorfkirchen erhalten, die bis auf das 13. Jh. zurückgehen und damit zu den ältesten Bauwerken Berlins zählen. Die Dorfkirche in Alt-Marienfelde, eine Gründung des Templerordens vom Anfang des 13. Jh.s und in einem noch heute erhaltenen Dorfanger gelegen, gilt als älteste ihrer Art in Berlin und als wichtiges Zeugnis romanischer Baukunst in Brandenburg. Charakteristisch ist die einfache Bauform aus Granitquadern: Es handelt sich um eine Saalkirche mit mächtigem Westturm, eingerücktem Chor mit halbrunder Apsis – insgesamt eine Wehrkirche, die auch als Zufluchtsort der Bevölkerung diente. Weitere Beispiele stehen in Alt-Mariendorf, Britz, Dahlem, Pankow oder Tempelhof, viele mit Veränderungen aus späteren Jahrhunderten.

♦ Die **Hufeisensiedlung in Britz** (s. Übersichtskarte; Fritz-Reuter-Allee, Onkel-Bräsig-Straße), 1925–30 von dem sozialdemokratischen Stadtbaurat Martin Wagner und dem Architekten Bruno Taut mit mehr als 1000 Wohneinheiten angelegt, ist ein Schlüsselwerk des modernen städtischen Siedlungsbaus der 1920er Jahre in Berlin. Gemeinnützige oder genossenschaftliche Baugesellschaften suchten damals mit einem sozialen Massenwohnungsbau der dramatischen Wohnungsnot zu begegnen und breiten Bevölkerungsschichten ein würdiges und hygienisch-gesundes Leben nach den Idealen »Licht, Luft, Sonne« zu ermöglichen. An die Stelle der verdichteten Blockrandbebauung der Mietskasernen des 19. Jh.s trat eine offene, aufgelockerte Bauweise, umgeben von öffentlichen Grünflächen, Plätzen und privaten Mietergärten, die Taut als »Außenwohnraum« bezeichnete – ein Konzept, das von der Gartenstadtbewegung beeinflusst war. Das namengebende Zentrum der Großsiedlung bildet hier der dreigeschossige hufeisenförmige Block mit flachgedeckten Mietshäusern um eine Grünanlage mit Teich. Die Loggien und Balkone der Wohnungen, alle mit eigenem Bad und Küche, richten sich auf diesen begrünten In-

Hufeisensiedlung in Britz, Luftaufnahme

nenraum des Hufeisens, das an seiner offenen Seite über eine Freitreppe zugänglich ist. Vom Hufeisen gehen der rhombenförmige Wohnhof Hüsung sowie die strahlenförmige Zeilenbebauung mit niedrigen, satteldachgedeckten Einfamilienhäusern mit Gärten aus. Zu den charakteristischen Gestaltungselementen von Tauts schmuckloser Architektur gehören beabsichtigte Unregelmäßigkeiten wie vor- und zurückspringende Hausgruppen oder gegen den Zeilenanfang versetzte Kopfbauten sowie vor allem die intensive, unterschiedliche Farbigkeit des Putzes, die jeder Hausgruppe ihre eigene Farbidentität verleiht und zum Merkmal der zahlreichen Siedlungsbauten von Taut wurde. Besonders bekannt ist die »Rote Front«, die Taut provokativ einer Siedlung in traditioneller Bauweise gegenübersetzte. Auch wenn zur Senkung der Baukosten die Hausformen typisiert und Einzelbauteile normiert waren, ist es Taut auf diese Weise gelungen, monotone Wiederholung zu vermeiden. Die Hufeisensiedlung, in der man das Zusammenspiel von Städtebau, Wohnarchitektur und Gartenanlagen bis heute erleben kann, wurde 2008 in die Liste des UNESCO-Weltkulturerbes aufgenommen.

Ku'damm, Schloss Charlottenburg und die Stadtbezirke im Westen und Südwesten

Zwischen KaDeWe und Olympiagelände

Kaufhaus des Westens (III D3): Das bekannteste Kaufhaus Deutschlands, kurz **KaDeWe** genannt, trägt seinen Namen nicht erst seit der Teilung der Stadt nach dem Zweiten Weltkrieg, sondern bereits seit seiner Erbauung 1906/07, als der Neue Westen, die Orte Charlottenburg und Wilmersdorf vor den Toren Berlins, zu beliebten bürgerlichen Wohn- und Geschäftsgegenden aufstiegen. Im Auftrag des Kaufhausunternehmers Abraham Adolf Jandorf schuf der Architekt Johann Emil Schaudt einen Eisenbetonbau, der sich von der bisherigen Kaufhausarchitektur Berlins unterschied: Mit Rücksicht auf den Protest von Einzelhändlern verzichtete er auf die übliche Auflösung der Fassade in vertikale Stützen und große Schaufenster zugunsten kleiner Fenster nach Art eines Wohnhauses. Nach Kriegszerstörung im Äußeren vereinfacht wiederaufgebaut, wurde der Konsumtempel mit berühmter Feinkostabteilung in der Folgezeit mehrfach umgebaut und erweitert, zuletzt 2016–22 unter der Leitung des Architekturbüros OMA von Rem Koolhaas, u. a. mit neuem Restaurant im Dachgeschoss. Das KaDeWe ist heute das größte Warenhaus auf dem europäischen Kontinent.

Die **U-Bahn-Station Wittenbergplatz** (III D3) von 1913, damals ein wichtiger Verkehrsknotenpunkt im Neuen Westen, stellt ein herausragendes Beispiel aus der Reihe der zahlreichen Bahnhöfe dar, die der Architekt Alfred Grenander 1902–31 für die Berliner Hoch- und Untergrundbahn gestaltete – hier als kreuzförmigen Bau im neoklassizistischen Stil mit repräsentativer Eingangshalle und klarer Trennung der verschiedenen Funktionen.

♦ **Kaiser-Wilhelm-Gedächtniskirche** (III C3): Die Ruine der 1891–95 erbauten Kirche bildet mit dem Neubau von Egon Eiermann von 1957–63 ein markantes Ensemble, das zum Symbol des Aufbruchs und des Wiederaufbaus der Nachkriegszeit in West-Berlin geworden ist. Für die ursprüngliche Kirche, ein Hauptwerk der Neoromanik des 19. Jh.s, hatte der Architekt Franz Schwechten auf die rheinische Spätromanik der Stauferzeit zurückgegriffen – eine politisch motivierte Stilwahl, mit der Kaiser Wilhelm II. an die Blütezeit des mittelalterlichen deutschen Kaisertums erinnern wollte, um daraus seinen imperialistischen Machtanspruch abzuleiten. Auf seinen Wunsch wurde die Kirche auch zur Gedenkstätte für Wilhelm I., den ersten Kaiser des Deutschen Reichs, bestimmt – eine Funktion,

Kaiser-Wilhelm-Gedächtniskirche

die vor allem das Ausstattungsprogramm veranschaulichte. Nach der schweren Kriegszerstörung 1943 diskutierte man über die Frage des Wiederaufbaus im Rahmen eines Wettbewerbs so lange wie bei keinem anderen Gebäude in Berlin: Die Vorschläge reichten vom Totalabriss bis zur originalgetreuen Rekonstruktion. Der in der Öffentlichkeit heftig umstrittene, preisgekrönte Entwurf von Egon Eiermann, einem der bedeutendsten Architekten der Nachkriegsmoderne, sah zunächst einen vollständigen Neubau vor, aber wegen der scharfen Proteste einigte man sich schließlich auf einen Kompromiss: Die ruinöse Westfassade mit dem Torso des Hauptturms blieb als Mahnmal gegen den Krieg erhalten und wurde durch eine moderne, vierteilige Bautengruppe ergänzt, die sich in ihrer modernen Formensprache kontrastreich von den Resten der alten Kirche absetzt. Auf einer Plattform und aus der Achse des Altbaus gerückt errichtete Eiermann eine achteckige, flachgedeckte Kirche mit Sakristeianbau, sechseckigem Glockenturm und Kapelle, deren Stahlskelettbauweise mit blau verglasten, mit Farbflecken aufgelockerten Betonwaben des Glasmalers Gabriel Loire den Charakter der Architektur bestimmt. Das Innere, einer der eindrucksvollsten Kirchenräume des 20. Jh.s, wird dadurch in ein mystisches, tiefblaues Licht getaucht. Die Bestuhlung und die Taufschale gehen auf Entwürfe des Architekten zurück, das Kruzifix stammt von Karl Hemmeter.

Zoologischer Garten (III C/D 2–3): Der 1841–44 vom Gartenarchitekten Peter Joseph Lenné auf dem Terrain der königlichen Fasanerie als Landschaftspark angelegte Zoo ist der älteste in Deutschland, aber bis heute hat die Anlage zahlreiche Veränderungen erfahren, so dass keine Gebäude aus der Anfangszeit mehr vorhanden sind. Die ältesten Bauwerke stammen vom Ende des 19. / Anfang des 20. Jh.s: Das exotische **Elefantentor** von 1898/99 mit seinem farbigen, japanisch anmutenden Pagodendach, das **Löwentor** von 1908/09 (beide von dem mit Zoobauten erfahrenen Architekturbüro Zaar & Vahl; nach Kriegszerstörung Kopien von 1984 und 1988) und die original erhaltenen Bauten wie das **Antilopenhaus** (1872, Ende & Böckmann) im »siamesischen Stil« und das **Einhuferhaus** mit dem »Persischen Turm« (1908–10, Zaar & Vahl) erinnern stilistisch an die Herkunftsländer der Tiere. Das **Aquarium** (1913, Zaar & Vahl; nach teilweiser Kriegszerstörung 1952–59 vereinfacht aufgebaut und 1978–83 um einen Anbau erweitert) zieren große Reliefs mit Dinosauriern. Im Park sind Skulpturen aufgestellt, u. a.: Bronzebüste »Peter Joseph Lenné« von Christian Daniel Rauch (1847) und »Kentaur und Nymphe« von Reinhold Begas (1881).

City West (III C3): Das Gebiet zwischen Bahnhof Zoo, Breitscheidplatz und der Kreuzung Ku'damm / Joachimsthalerstraße wurde nach dem Zweiten Weltkrieg zum neuen Zentrum West-Berlins ausgebaut. Die großteils für kommerzielle Zwecke errichteten Neubauten erhielten schnell den Ruf, das »Schaufenster des Westens«, wenn nicht gar das »Schaufenster der Freiheit« zu sein: durch einen konsequent modernen Architekturstil, der sich von den Bauten des wilhelminischen und des nationalsozialistischen Berlin eindeutig absetzte. Zu den wichtigsten Werken dieser Nachkriegsmoderne gehören: das **Europa-Center**, 1963–65 von Helmut Hentrich und Hubert Petschnigg als erstes Mehrzweckgebäude nach amerikanischem Vorbild angelegt, mit einem Hochhaus, bekrönt von einem rotierenden Mercedes-Stern, Symbol für die Wirtschaftskraft West-Berlins; davor der marmorne »Weltkugelbrunnen« (1985, Joachim Schmettau) und in der Tauentzienstraße die Skulptur »Berlin« (1987, Brigitte und Martin Matschinsky-Denninghoff), die in abstrakter Form die Teilung der Stadt symbolisiert; ferner das Gebäudeensemble des ehemaligen Zentrums am Zoo, heute **Bikini Berlin**, erbaut 1955–57 nach Entwürfen von Paul Schwebes und Hans Schoszberger (Umbauten 1978, 1986,

2012–14), bestehend aus einem Hochhaus, dem Kino Zoo Palast – der ehemaligen Hauptspielstätte der Berliner Filmfestspiele – sowie dem langgestreckten Bikini-Haus, 2014 zum Shoppingcenter umfunktioniert; am Kurfürstendamm das **Café Kranzler** von Hanns Dustmann (1957/58), ein Komplex aus flacher Ladenzeile mit aufgesetzter Café-Rotunde, ehemals eine West-Berliner Institution; heute innen modern; die **Allianz-Versicherung**, ein scheibenförmiges Hochhaus, 1953–55 von Alfred Gunzenhauser und Paul Schwebes erbaut, ein Beispiel für den repräsentativen Verwaltungsbau der 1950er Jahre und Vorbild für viele Bauten dieser Funktion. Nach der Wende kamen mehrere Neubauten hinzu, deren Formensprache und Proportionen die Architektur der 1950er Jahre ›bedrängen‹: die Hochhäuser **Zoofenster** (2008–12, Christoph Mäckler) und **Upper West**, ein skulptural modellierter Baukörper (2007, Christoph Langhof, KSP Jürgen Engel Architekten); ferner der halbrunde Komplex des **Ku'damm-Ecks** (1998–2001, von Gerkan, Marg und Partner) und das **Hotel Sofitel** (2005, Jan Kleihues); schließlich der überdimensionale gläserne Hochhausriegel des **Neuen Kranzler-Ecks** (1998–2000, Murphy Jahn Architects, mit einer Lichtinstallation von Yann Kersalé).

Wintergarten-Ensemble (III C3): Die Gruppe von vier Häusern des späten 19. Jh.s dokumentiert als einziger erhaltener Rest die ursprüngliche Bebauung mit Einzelvillen und Reihenhäusern in dieser Gegend: das **Literaturhaus** (Fasanenstraße 23) in Formen eines italienischen Renaissancepalasts mit dem namengebenden Wintergarten; der spätklassizistische Bau Nr. 24 beherbergte bis 2022 das **Käthe-Kollwitz-Museum** (jetzt im Schloss Charlottenburg); die reich verzierte **Villa Grisebach** (Nr. 25), das Wohn- und Atelierhaus des Architekten Hans Grisebach, sowie das Reihenhaus Nr. 26. Dank einer Bürgerinitiative konnte das kriegsbeschädigte Ensemble vor dem Abriss bewahrt und restauriert werden.

Kurfürstendamm (»**Ku'damm**«; III A–C3): Als sich nach der Reichsgründung 1871 Charlottenburg, damals noch unabhängige Stadt, immer mehr zur neuen, beim gehobenen Bürgertum beliebten Wohn- und Geschäftsgegend entwickelte, veranlasste Reichskanzler Otto von Bismarck 1880, den alten Reitweg zum Jagdschloss Grunewald nach dem Vorbild der großen Pariser Boulevards zu einer 53 Meter breiten Prachtstraße auszubauen. Alsbald entstand hier eine prunkvolle geschlossene Bebauung im historischen Stil, aus Wohn- und Geschäftshäusern und vornehmen Hotels: Damals stieg der Westen zur zweiten City neben Berlin-Mitte auf. Neben den Bauten der Hausnummern 15, 35, 37, 48–50a gehört das **Wohn- und Geschäftshaus Nr. 59/60** von 1905–07 zu den letzten erhaltenen, wenn auch teilweise veränderten prächtigen ›Mietpalästen‹ mit bis zu fast 600 Quadratmeter großen, hochherrschaftlichen Wohnungen. In den 1920er Jahren erlangte der Ku'damm Berühmtheit als Flaniermeile mit zahlreichen Cafés, Gaststätten, Nachtlokalen, Kabaretts und Theatern, in denen sich die Berühmtheiten der Kultur trafen. Nach den schweren Zerstörungen des Zweiten Weltkriegs wurde der Boulevard wie die Gegend um den Bahnhof Zoo mit Bauten der Nachkriegsmoderne zum »Schaufenster des Westens« ausgebaut, mit eleganten Cafés und Geschäften mit den typischen Glasvitrinen auf dem breiten Bürgersteig.

WOGA-Komplex mit Universum-Kino, heute **Schaubühne** (III B3): Mit dem charakteristischen Ensemble der Wohnhausgrundstücksverwertungs-AG (WOGA) schuf Erich Mendelsohn 1927–31 eine aus unterschiedlichen Baukörpern zusammengesetzte Anlage von geradezu urbanistischen Dimensionen, damals in Berlin eine Neuerung. Der quer zur Straße angeordnete Komplex, der die in Berlin übliche Blockrandbebauung aufbricht, umfasste das berühmte Universum-Kino, ein Kabarett, Restaurant, Hotel, Läden und eine Wohnanlage mit Tennisplätzen und Autogarage. Der niedrige, halbrunde Kopfbau von Kino und Kabarett mit vorgebauter Ladenzeile mit weiß gerahmtem Fensterband dringt schwungvoll in den Straßenraum vor, ein Merkmal, das auch andere großstädtische Bauten Mendelsohns wie seine Kaufhäuser auszeichnet. Der scheibenartig eingesetzte Lüftungsturm, der als Reklamefläche gedacht war, steigert die dynamische Wirkung der Architektur. Den Wohnblock in der Cicerostraße charakterisieren Klinkerbänder, die zu gerundeten Balkonen ausschwingen, im Wechsel mit halbrunden Putzstreifen. Nach Kriegszerstörung, Umnutzung und Umbau des ehemaligen Kinos 1978–81 zum variablen Theaterraum für die Schaubühne, dem ein viel diskutierter Abriss der Originalsubstanz vorausging, ist von Mendelsohns spektakulärer Architektur im Stil der Neuen Sachlichkeit nur der Außenbau erhalten.

Kirche am Hohenzollernplatz (s. Übersichtskarte; Hohenzollerndamm 202/203): Dieses bedeutende Werk expressionistischer Backsteinarchitektur von 1930–33 stammt von Fritz Höger, dem Hauptvertreter dieser Stilrichtung und Erbauer des berühmten Hamburger Chilehauses. Zu den Merkmalen des mit Klinkern verkleideten Stahlbetonskelettbaus gehören die zum Teil vergoldeten »Bauedelsteine« (Höger), die Gliederung des Außenbaus mit filigranen vertikalen Mauerstreifen, die auch auf die Treppentürme an der Eingangsseite übergreifen; ferner das scharf in die Mauer eingeschnittene, spitzbogige Eingangstor über der Freitreppe, der scheibenartige, leicht konische Glockenturm sowie schließlich der Innenraum: Mit den steilen Spitzbögen wollte Höger eine betont mystische Atmosphäre erzeugen, um sich von der damals vorherrschenden sachlichen Richtung im Kirchenbau abzusetzen. Bei einem Bombenangriff 1943 ging die ursprüngliche Innenausstattung verloren.

Funkturm (III A3; Messedamm 22): Anlässlich der ersten Großen Deutschen Funkausstellung entstand 1924–26 nach

Entwürfen des Architekten und Ingenieurs Heinrich Straumer auf dem neuen Messegelände der fast 150 Meter hohe Sendemast in Stahlfachwerk; er sollte die Qualität der Rundfunkübertragungen verbessern. Von dem formal am Pariser Eiffelturm orientierten Mast wurde 1926 die erste Rundfunk- und 1932 die erste Fernsehsendung ausgestrahlt. Auf dem auskragenden Absatz in 55 Meter Höhe liegt ein Restaurant, auf 125 Meter Höhe eine Aussichtsplattform.

Haus des Rundfunks (III A3; Masurenallee 8–14): Mit dem ersten großen Rundfunkgebäude Deutschlands gelang dem Architekten Hans Poelzig 1929/30 ein großer Wurf. Als Sieger des vorausgegangenen Wettbewerbs fand er im Unterschied zu seinen Konkurrenten für die neue Bauaufgabe, für die es keine Vorbilder gab, eine zukunftsweisende Lösung, die das Gebäude noch heute funktionsfähig sein lässt: Auf einem dreieckigen Grundriss mit zwei geschwungenen Seiten ordnete er die Büroräume in den Außenflügeln an, während die Sendesäle und Aufnahmestudios akustisch abgeschirmt im geschützten Innenhof liegen. Sie gehen radial von der zentralen, glasüberdachten Eingangshalle aus, dem gestalterischen Kernstück der Anlage mit offenen, mit gelben Keramikbrüstungen versehenen Galerien und tief herabhängenden Lampen (1987 in ursprünglicher Gestalt wiederhergestellt). Die 150 Meter lange, im Mittelteil erhöhte Hauptfassade ist mit schimmernden Eisenklinkern verkleidet. Die mit farbigen Tonplatten bedeckten Wandpfeiler und Fensterbrüstungen setzen ein vertikales Gegengewicht zur Längsausdehnung der Fassade. Nach einer wechselvollen Geschichte in den Jahren 1945–56 zog hier 1957 der Sender Freies Berlin (SFB) ein (seit 2003 Rundfunk Berlin-Brandenburg, rbb).

Villen des Neuen Bauens (s. Übersichtskarte): Im vornehmen Bezirk Charlottenburg haben sich einige bedeutende Villen im Stil des Neuen Bauens der 1920er Jahre erhalten, die sich – mit Varianten – durch kubische Grundformen, das obligatorische Flachdach und eine strenge, ornamentlose Architektursprache ohne repräsentative Fassadengestaltung auszeichnen. Die **Doppelvilla am Karolingerplatz** (Nr. 5, 5a) 1921/22 von Erich Mendelsohn als einer der ersten Berliner Bauten mit Flachdach angelegt, verrät den Einfluss des amerikanischen Architekten Frank Lloyd Wright, eines Schöpfers berühmter Landhäuser: Horizontale, weiß verputzte Partien, Zonen mit dunklen Klinkern in gestreiftem Relief und lange Fensterbänder akzentuieren den spiegelbildlich übereck gestaffelten Baukörper. Auch das **Haus Dr. Sternefeld** (Heerstraße 107; 1923/24, Mendelsohn), das erste Einfamilienhaus Berlins aus Stahlbeton, orientiert sich an Werken von Wright: Charakteristisch sind die horizontale Grundform aus übereinandergeschichteten Kuben, das Ausgreifen des Baus in die Landschaft und die tief eingeschnittenen Fensterbänder. Die **Villen Luckhardt** (Am Rupenhorn 24 und 25 / Heerstraße 161), die die Brüder Hans und Wassili Luckhardt und Alfons Anker 1929–32 auf dem Höhenrücken über der Havel anlegten, gelten als Inkunabeln des Neuen Bauens in Deutschland: Charakteristisch sind die innovative Bautechnik der Stahlskelettkonstruktion, kubische, strahlend weiße Baukörper mit sorgfältig abgewogenem Verhältnis von glatten Wandflächen und Fensteröffnungen sowie als Terrasse genutzte Flachdächer. Dem ehemals aus einem einzigen Raum bestehenden Wohnbereich sind weit in den Garten ausschwingende Terrassen vorgelagert. Ebenso berühmt ist die **Villa Mendelsohn** (Am Rupenhorn 6), die der Architekt 1929 als Manifest seiner modernen Bauauffassung für sich selbst erbaute.

Georg-Kolbe-Museum (s. Übersichtskarte; Sensburger Allee 25): Wohnsitz und Atelier des erfolgreichsten Bildhauers der ersten Hälfte des 20. Jh.s zählen zu den wichtigen Beispielen der Berliner Architektur des Neuen Bauens der 1920er Jahre

(1928/29, Ernst Rentsch und Paul Lindner). Als einziges öffentlich zugängliches Künstlerhaus dieser Zeit in Berlin zeigt das heutige Museum Nachlass und Werke Kolbes und anderer Bildhauer der klassischen Moderne sowie zeitgenössische Kunst.

Corbusier-Haus (s. Übersichtskarte; Flatowallee 16): Wie schon bei den vergleichbaren Bauten in Marseille und Nantes verfolgte Le Corbusier, der sich intensiv mit dem modernen Massenwohnungsbau der Industriegesellschaft beschäftigte, auch bei dieser anlässlich der Interbau 1957 in Berlin errichteten »Unité d'habitation« die Grundidee eines Scheibenhochhauses auf Betonstützen in Form einer kleinen vertikalen Stadt, die neben Wohnungen auch Gemeinschaftseinrichtungen verschiedenster Art besitzt und durch eine Straße im Inneren des Gebäudes erschlossen ist.

Ehemaliges Reichssportfeld, heute **Olympiapark Berlin** (Coubertin- / Olympischer Platz): Auf dem schon vor dem Ersten Weltkrieg zu Sportzwecken angelegten Areal mit einem Stadion errichtete das NS-Regime nach Plänen von Werner March für die Olympischen Spiele von 1936 in Berlin neue Sportanlagen – ein architektonisches Großprojekt, das als Kulisse für die nationalsozialistische Machtdemonstration gegenüber der Weltöffentlichkeit dienen sollte. Der Komplex gilt heute als eine der bedeutendsten Sportanlagen des 20. Jh.s in Europa. Auf einem leicht ansteigenden Gelände wurden Stadion, Schwimmstadion mit Tribünen, Maifeld – ein Aufmarschplatz für politische Kundgebungen –, Langemarckhalle – eine Feierstätte zur NS-Totenehrung – und Waldbühne weitgehend symmetrisch angeordnet. Die mit Bildwerken von Arno Breker und Josef Thorak, den späteren Staatsbildhauern, ausgestattete Architektur gilt als besterhaltenes ›Gesamtkunstwerk‹ der NS-Zeit. Nachdem die Anlage 1952–94 als Hauptquartier der britischen Streitkräfte nicht zu besichtigen war, wurde sie 2004 zum Sport- und Veranstaltungsstandort Olympiapark

Berlin umgestaltet. Den architektonischen Mittelpunkt des ehemaligen Reichssportfeldes bildet das **Olympiastadion**, eine nach antiken Vorbildern geschaffene offene, ovale Arena für 100 000 Zuschauer. Der Hauptzugang erfolgt über das Olympische Tor mit zwei schmalen, hohen Türmen. An der durch eine Pfeilerhalle artikulierten Außenseite des Stadions wollte March das Stahlbetonskelett sichtbar lassen, aber auf Wunsch Hitlers verkleidete der Architekt Albert Speer die Konstruktion mit Muschelkalkplatten, um den Bau weniger modern und dafür monumentaler erscheinen zu lassen. Das Erschließungssystem kann noch heute als vorbildlich gelten – die Besucher verteilen sich rasch auf den Rängen. Für die Fußballweltmeisterschaft 2006 haben die Architekten von Gerkan, Marg und Partner das denkmalgeschützte Stadion grundlegend saniert und das Spielfeld mit einer transparenten Stahlfachwerkkonstruktion überspannt. Für die Fußballeuropameisterschaft 2024

Olympiastadion

stehen erneut Modernisierungen an, aber ein Umbau zum reinen Fußballstadion wurde abgelehnt. Die **Waldbühne** (Am Glockenturm) legte Werner March 1934–36 nach dem Vorbild antiker griechischer Theater als halbrunde Freilichtbühne an einem natürlichen Abhang an. Als kulturelle und nationale »Weihestätte« sollte das Theater den kulturellen Anspruch des Reichssportfeldes unterstreichen. Seit 1982 mit einer Zeltdachkonstruktion über der Bühne versehen, finden hier kulturelle Großveranstaltungen, meist Konzerte, statt. Das **Deutsche Sportforum** (Friedrich-Friesen-Allee 1) wurde schon 1926–28 von Werner March als Sitz der Deutschen Hochschule für Leibesübungen und anderer Sportverbände im expressionistisch beeinflussten Stil der 1920er Jahre begonnen und 1934 in die Gesamtplanung des Reichssportfeldes einbezogen und durch weitere Gebäude ergänzt, darunter als Mittelpunkt das **Haus des Deutschen Sports** mit einem Saal mit einer spektakulären Kuppel aus Sichtbeton.

Vom Schloss Charlottenburg nach Spandau

Die **Schlossstraße** (III A2) wurde 1697 im Zusammenhang mit dem Bau des Charlottenburger Schlosses als axiale Zufahrtsallee angelegt. Die beiden identischen Eckbauten mit Dachaufsätzen in Form von kleinen Rundtempeln errichtete 1821–55 der Architekt August Stüler als **Kasernen** (Nr. 1, 70) für die königliche Leibgarde. Heute ist im westlichen Bau das **Museum Berggruen** mit der ehemaligen Privatsammlung zur klassischen Moderne von Heinz Berggruen, insbesondere mit Werken von Pablo Picasso und Paul Klee, untergebracht (bis 2025 wegen Sanierung geschlossen); außerdem das **Bröhan-Museum**, die bedeutende ehemalige Privatsammlung des Kunstsammlers und Kaufmanns Karl H. Bröhan, die 1983 von seiner Dahlemer Villa hierher zog, mit Kunsthandwerk und Bildender Kunst von 1889–1939, darunter Gemälde und Grafiken der Berliner Secession (Max Liebermann, Walter Leistikow) sowie Glas, Keramik, Silber, Möbel und vor allem Porzellan des Jugendstils, des Art déco und des Funktionalismus der 1920er und 1930er Jahre. Gegenüber im östlichen Pendant und im angrenzenden Neubau wird die **Sammlung Scharf-Gerstenberg** zur Kunst des Symbolismus und Surrealismus gezeigt, darunter Werke von Francisco de Goya, Max Ernst und Salvador Dalí.

Schloss Charlottenburg (III A1): Seit der Sprengung des Schlosses 1950 ist das Charlottenburger Schloss neben dem Zeughaus die bedeutendste und größte erhaltene Barockanlage Berlins – wenn auch zum Teil in rekonstruierter Form. Viele Generationen von Hohenzollernherrschern und ihre Gemahlinnen bevorzugten das Schloss als Aufenthaltsort, daher wurde es mehrfach umgebaut und verändert; vor allem die Innenausstattung wurde immer wieder dem jeweiligen Zeitgeschmack angepasst: Daher lässt sich hier die Entwicklung der Raumkunst vom Barock über das Rokoko bis zum frühen Klassizismus sehr gut nachvollziehen. Die Geschichte des Schlosses beginnt mit Kurfürstin Sophie Charlotte, der Gemahlin Friedrichs III., die sich 1695 im damaligen Dorf Lietzen vom Architekten Johann Arnold Nering ein kleines Lustschloss nach französischem Vorbild errichten ließ: eines der ersten Beispiele dieser Art Landsitze in der Nordhälfte Deutschlands, die man nur für Tagesbesuche ohne strenges Hofzeremoniell nutzte. Dieser Ursprungsbau, das sogenannte Alte Schloss, ist noch heute im Mittelteil des weiträumigen Schlosskomplexes erkennbar: ein kompakter zweigeschossiger Baublock mit Halbsäulengliederung im Obergeschoss, damals aber noch ohne die hohe, imposante Kuppel über dem ovalen Mittelsaal, der sich auf der Gartenseite aus der Fassade herauswölbt. Der geistreichen, kunstsinnigen Sophie Charlotte gelang es, einen Kreis von Musikern, Künstlern und Gelehrten, darunter Gottfried Wilhelm Leibniz, um sich zu scharen und Lietzenburg, so der damalige Name des Schlosses, zum ersten Musenhof in Brandenburg-Preußen zu machen. Das heutige, weiträumige Erscheinungsbild des Schlosses geht erst auf die Vergrößerungen des 18. Jh.s zurück. 1701 wie ihr Gemahl zu königlichem Rang aufgestiegen und von dem Wunsch beflügelt, Lietzenburg zur Sommerresidenz für längere Aufenthalte mit Hofstaat auszubauen, ließ Sophie Charlotte das kleine Schloss nach Entwürfen des neuen Hofarchitekten Johann Friedrich Eosander von Göthe zur heutigen Dreiflügelanlage um einen Eingangshof erweitern und auf der Gartenseite mit einer langen Schaufront versehen, die sich an der Rückfront des Versailler Schlosses orientiert. Nach dem frühen Tod der Gemahlin 1705 nannte König Friedrich I. das Schloss in Charlottenburg um, fügte ab 1709 im Westen die Große Orangerie für die Überwinterung von Zitruspflanzen hinzu und errichtete die dominante Kuppel über dem Zentrum des Alten Schlosses. 1740 veranlasste König Friedrich der Große als östliches Pendant zur Orangerie den Bau des Neuen Flügels (Georg Wenzeslaus von Knobelsdorff), aber schon bald verlor er das Interesse an Charlottenburg und zog sich nach Potsdam zurück. Sein Nachfolger Friedrich Wilhelm II., ein großer Liebhaber des deutschsprachigen Theaters, unternahm 1787–91 die letzte größere Baumaßnahme und ließ Carl Gotthard Langhans, den Architekten des Brandenburger Tors, am westlichen Ende der Orangerie das Theater errichten. Im Zweiten Weltkrieg erlitt das Schloss schwere Zerstörungen, große Teile der kostbaren Innenausstattung gingen zugrunde. Zunächst bestand der Plan, die Reste des Baus abzureißen, aber dank des unermüdlichen Engagements von Margarethe Kühn, der Direktorin der West-Berliner Schlösserverwaltung, nahm man – wohl auch unter dem Eindruck der Sprengung der Stadtschlösser in Berlin und Potsdam – die Wiederherstellung in Angriff: 1956–62 wurde der Außenbau restauriert, und anschließend wurden, bis in die 1970er Jahre, einige Innenräume rekonstruiert. Diese denkmalpflegerische Initiative hat viel Kritik hervorgerufen, denn die Ausstattungen einiger Räume sind mangels genauer Dokumentation ihres Vorkriegszustandes freie Nachschöpfungen im Stil des Rokoko; sie wurden ergänzt durch erhaltene Originalteile aus anderen Bauten. Nach der Wiedervereinigung sind zahlreiche originale Ausstattungsstücke nach Charlottenburg zurückgekehrt.

Im Ehrenhof des Schlosses steht seit 1952 das fast sechs Meter hohe **Reiterdenkmal des Großen Kurfürsten**, entworfen 1696/97 von Andreas Schlüter; ursprünglich war es auf der Langen Brücke, der heutigen Rathausbrücke beim Berliner Schloss, aufgestellt. Es gilt als eines der bedeutendsten barocken Reiterstandbilder. Wie schon bei den römischen Kaisern spielten Reiterstatuen in der Neuzeit für Herrscher eine wichtige Rolle als Zeichen fürstlicher Macht – so auch für Friedrich III., der seinem Vater für seine Verdienste als Wegbereiter von Preußens Aufstieg zum Königreich (und damit letztlich seiner eigenen Königswürde) ein Denkmal setzen wollte. Der energisch in die Ferne blickende Kurfürst mit dem Kommandostab in der Hand beherrscht das kraftvoll nach vorne drängende Pferd mit ruhiger Entschlossenheit. Konkretes Vorbild für die Gestaltung war das antike Reiterdenkmal des Kaisers Marc Aurel auf dem Kapitol in Rom. Die erst 1708/09 von Schülern Schlüters am Sockel angebrachten Sklaven in Ketten orientieren sich hingegen an Michelangelos Stil. Die Reliefs auf dem Sockel versinnbildlichen das Kurfürstentum und das Königtum. Die Zeitgenossen bewunderten vor allem die technische Meisterleistung des Bronzegusses. Im Zweiten Weltkrieg war das Werk auf einem Spreekahn ausgelagert; 1946 sank er

Altes Schloss, Erdgeschoss

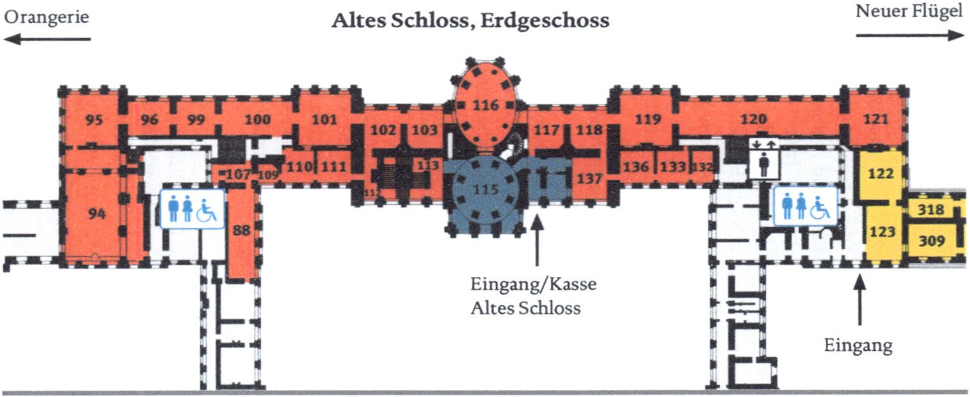

Neuer Flügel, Obergeschoss

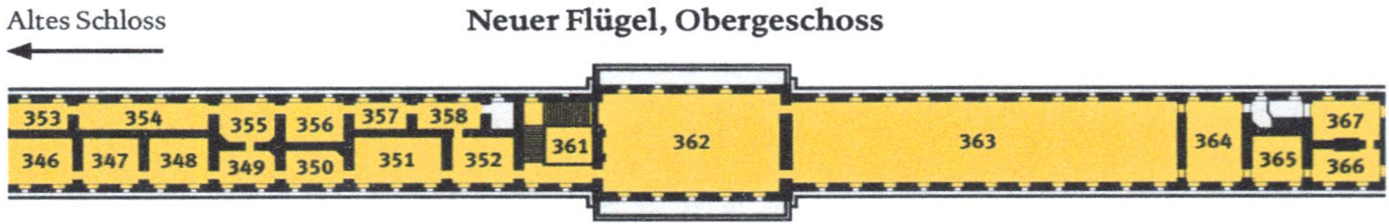

im Tegeler Hafen und konnte erst Jahre später geborgen werden (der heutige Sockel ist eine Kopie, das Original steht in der Eingangshalle des Bode-Museums, dort mit einer Kopie der Reiterstatue).

Zu den besonders sehenswerten **Innenräumen** gehören (hier in der Reihenfolge des Rundgangs beschrieben): im Alten Schloss und seinen Erweiterungsbauten im Erdgeschoss zu beiden Seiten des Vestibüls und des (modernen) Gartensaals die **Mecklenburgische Wohnung** (Nr. 132, 133, 136), ein Gästeappartement von 1710–13 mit weitgehend originaler Deckenausstattung und vergoldeten Stuckreliefs über den Türen; das **Audienzzimmer der Königin Sophie Luise**, der dritten Gemahlin Friedrichs I. (Nr. 119; 1710–13, noch original), und die **Alte Galerie** (Nr. 120), einer der besterhaltenen Räume des Schlosses, mit einer Wandverkleidung aus Eichenholz nach englischem Vorbild; die **Erste Wohnung von Sophie Charlotte** (Nr. 102, 103, 117, 118; 1695–99 geschaffen, heute annähernd rekonstruiert ohne die Malereien an den stuckierten, vergoldeten Decken) mit dem **Gläsernen Schlafgemach** (Nr. 118, später Vorzimmer) mit Wandverkleidung aus schmalen Spiegelstreifen im Wechsel mit grünen Damaststreifen; die **Parade- und Wohnräume von König Friedrich I.** (Nr. 101, 100, 99, 94–96; 1702 begonnen, heute rekonstruiert) mit der prunkvollen **Audienzkammer** (Nr. 101), der **Roten Damastkammer** (Nr. 100), dem **Privaten Audienzzimmer** (Nr. 99) mit illusionistischem Deckengemälde von etwa 1700 und dem besonders aufwendig ausgestalteten **Porzellankabinett** (Nr. 95) – es ist das größte und bedeutendste seiner Art und ein Zeugnis der damaligen China-Begeisterung an euro-

---

Grundriss Schloss Charlottenburg: Die im Text genannten Ziffern folgen der Nummerierung der Innenräume, wie sie auch in diesen Plan eingetragen ist.

päischen Fürstenhöfen, mit über 2600 effektvoll vor Spiegeln inszenierten chinesischen Gefäßen und dem Deckenfresko von Anthonie Coxie (1706 datiert; rekonstruiert) mit der »Morgenröte, die die Finsternis vertreibt« (umgeben von den Erdteilen, Tierkreiszeichen und Jahreszeiten wird das preußische Königshaus verherrlicht); ferner befindet sich hier die reich ausgestattete **Kapelle** (Nr. 94; 1704–06, nach Entwurf von Eosander von Göthe, heute völlig rekonstruiert nach Farbaufnahmen vor der Zerstörung) mit dem für protestantische Kirchen typischen Kanzelaltar und der gegenüberliegenden Königsloge als Sinnbild von geistlicher und weltlicher Macht. Zur Hofseite liegen: die **Zweite Wohnung von Sophie Charlotte** (Nr. 109–111), 1702–04 als Wintergemächer angelegt, mit bedeutender, weitgehend erhaltener Deckenmalerei mit Bandelwerkornamentik im Stil des französischen Künstlers Jean Berain. Im Obergeschoss werden in einigen museal hergerichteten Räumen eine neue Dauerausstellung über die Hohenzollerndynastie sowie die prunkvolle **Hoftafel- und Silberkammer** mit kostbaren Tafelgeräten aus Edelmetall, Porzellan und Glas präsentiert; ferner der **Kronschatz** mit den Insignien der Königsberger Königskrönung von 1701 und die Schnupftabakdosen von Friedrich II.

Unter den im Zweiten Weltkrieg fast völlig zerstörten und heute rekonstruierten Sälen im **Neuen Flügel** von Friedrich dem Großen, deren Aufwand sich – typisch für das Rokoko – auf die Interieurs konzentriert, sind besonders zu erwähnen: im Obergeschoss der große, als Speisesaal dienende **Weiße Saal** im Mittelpavillon (Nr. 362), mit einer strengen, schon klassizistisch anmutenden Pilastergliederung und heute mit einem gegenstandslosen Deckenfresko von Hann Trier (1972/73); ferner die **Große** oder **Goldene Galerie** (Nr. 363) von 1746, eine der wichtigsten Schöpfungen des friderizianischen Rokoko, ausschließlich mit vergoldeten Stuckornamenten und -figuren auf grünem Grund nach Entwürfen von Knobelsdorff dekoriert; die 1746 eingerichtete **Zweite Wohnung Friedrichs II.** (Nr. 364–367), mit Gemälden der vom König besonders geschätzten französischen Malerei des 18. Jh.s ausgestattet, darunter Hauptwerke von Antoine Watteau wie »Das Ladenschild des Kunsthändlers Gersaint« (um 1718/19) und die »Einschiffung nach Cythera« (um 1720). Auf der Westseite des Mittelpavillons folgen die **Winterkammern Friedrich Wilhelms II.** von 1796/97 (Nr. 348–352; 1982–94 rekonstruiert unter Verwendung der originalen Möblierung) und das 1810 von Friedrich Schinkel eingerichtete **Schlafzimmer der Königin Luise** (Nr. 347) mit gerafften, transparenten Stoffbespannungen der Wände und dem original erhaltenen Bett – wichtige Beispiele für klassizistische Raumausstattungen; anschließend die **Erste Wohnung Friedrichs des Großen** von 1742 (Nr. 346, 353–358; rekonstruiert). Im Erdgeschoss des Neuen Flügels liegt die **Sommerwohnung Friedrich Wilhelms II.** von 1788 (Nr. 319–322) im etruskischen und chinesischen Stil (nur teilweise rekonstruiert).

Im **Theaterbau** am Ende des westlichen Flügels befindet sich seit 2022 das **Käthe-Kollwitz-Museum** (III A1), mit bedeutenden Werken der sozialkritischen Künstlerin (1867–1945), die – von Kaiser Willhelm II. und später den Nationalsozialisten strikt abgelehnt – die Not der sozial schwachen Bevölkerungsschichten und das Elend des Krieges anprangerte.

Schlosspark und Parkbauten: 1697 ließ Kurfürstin Sophie Charlotte, wie bei barocken Schlössern üblich, auf der Rückseite des Gebäudes einen Garten nach Plänen von Siméon Godeau anlegen, Schüler des berühmten Gartenarchitekten von Versailles, André Le Nôtre. Es handelt sich um den frühesten, nach französischem Vorbild konzipierten barocken Garten Deutschlands. Typische Merkmale sind die symmetrische, über einer langen Mittelachse organisierte Gesamtanlage, die sich auf das Schloss ausrichtet und sich durch Parterres mit geometrisch komponierten Beeten sowie, westlich daran anschließend, Bosketten mit beschnittenen Hecken auszeichnet. Von der Mitte des Schlosses führten lange Sichtachsen durch die Landschaft bis zu entfernt liegenden Besitzungen wie Schloss Schönhausen. Diese von Menschenhand geformte Natur galt als Ausdruck der Macht des Herrschers über sein Land. Die direkte Lage des Gartens an der Spree gewährleistete die Bewässerung, einschließlich des großen Bassins, bot aber auch die Möglichkeit, Charlottenburg von Berlin über dem Wasserweg zu erreichen. Hier feierte man auch glanzvolle höfische Feste mit Musik, Tanz und Feuerwerk. Zwischen 1786 und 1833 wurde der größte Teil des regelmäßigen Barockgartens nach Plänen des berühmten Gartenarchitekten Peter Joseph Lenné zu einem englischen Landschaftspark umgestaltet. Denn nun bevorzugte man natürlich anmutende Gärten mit locker angeordneten Baumgruppen, weiten Rasenflächen, geschwungenen Wegen, unregelmäßig geformten Teichen und Wasserläufen, überspannt von kleinen Brücken, die zu Inseln wie der nach der Königin Luise benannten Luiseninsel führen. Nach den Verwüstungen des Zweiten Weltkriegs wurde in Anlehnung an den barocken Zustand beim Schloss wieder ein Parterre mit einem achteckigen Fontänebecken angelegt.

Neuer Pavillon (**Schinkelpavillon**; III B1): Das kleine klassizistische, bis heute überraschend modern erscheinende Gebäude von Karl Friedrich Schinkel ließ König Friedrich Wilhelm III. 1824 am Spreeufer für sich und seine zweite, nicht standesgemäße Gattin als privates Sommerhaus errichten, um sich an den glücklichen Aufenthalt in der Villa Chiatamone in Neapel (zerstört) zu erinnern – daher der für Berlin ungewöhnliche Typus in Form eines zweigeschossigen, kubischen Baus auf fast quadratischem Grundriss mit symmetrischer Raumanordnung. Das schlichte Äußere gestaltete Schinkel mit jeweils zwei gleichen Seiten, ohne Betonung einer Hauptfassade. Besonders wichtig war dem König der umlaufende Balkon nach italienischem Vorbild. Bis auf den Gartensaal mit halbrunder Sitzbank nach pompejanischem Vorbild hatten alle Räume einen ausgeprägt privaten Charakter. Nach schwerer Kriegszerstörung hat man den Pavillon wiederaufgebaut. Seit der jüngsten Sanierung 2006–11 mit weitgehend originalgetreuer Rekonstruktion kann man in zwei Erdgeschossräumen einen authentischen Eindruck von Schinkels Innenausstattung gewinnen – heute eines der wenigen Zeugnisse seiner Raum- und Dekorationskunst. Die übrigen Räume zeigen eine Ausstellung zu Schinkels Kunstschaffen im Bereich von Architektur und Kunstgewerbe sowie eine bedeutende Sammlung seiner Gemälde, ferner Werke der Berliner Kunst des 19. Jh.s, darunter wichtige Gemälde von Caspar David Friedrich, Eduard Gaertner, Karl Blechen und Skulpturen von Christian Daniel Rauch.

Mausoleum der Königin Luise (III A1): Der frühe Tod der schönen und beim Volk sehr beliebten Königin Luise 1810 im Alter von nur 35 Jahren löste in Preußen große Trauer aus. Nach den Vorstellungen ihres Gemahls König Friedrich Wilhelm III. schuf der Architekt Heinrich Gentz 1810–12 im Schlosspark ein Mausoleum in Form eines antiken Tempelchens. Die späteren Umbauten von 1840 und 1890/91 für weitere Grabmäler der preußischen Herrscher verliehen dem Gedächtnistempel einen christlichen Charakter. Das **Grabmal für Königin Luise**, 1810–12 von Christian Daniel Rauch geschaffen, gehört zu den Hauptwerken der Berliner Bildhauerkunst des 19. Jh.s. Gemäß dem Wunsch Friedrich Wilhelms III. stellte Rauch die Verstorbene nicht wie eine Tote aufgebahrt, sondern mit erhöht gebettetem Oberkörper und verschränkten Armen schlafend dar, so als würde sie im nächsten Moment aufwachen. In der viel bewunderten Skulptur aus Carrara-Marmor gelang es dem Künstler, zwei Tendenzen der damaligen Bildhauerkunst zu vereinigen: die realistische Strömung (das Porträt ist nach der Totenmaske gefertigt) und die idealisierende, klassizistische Strömung.

Das steil aufragende **Belvedere** (III A1) errichtete Carl Gotthard Langhans 1789/90 nahe der Spree als Rückzugsort und Aussichtsturm für Friedrich Wilhelm II.; der Ovalbau hat vier eckige Anbauten, so dass sich eine kreuzförmige Grundform mit geschwungenen und geraden Abschnitten ergibt – eine Reminiszenz an den Barockstil, aber verbunden mit einer schlichten Fassadengliederung, die schon auf den Klassizismus vorausweist. Im Zweiten Weltkrieg zerstört und anschließend nur im Außenbau rekonstruiert, beherbergt das Belvedere heute die weltweit größte **Sammlung der Königlichen Porzellanmanufaktur (KPM)**, die 1763 von König Friedrich dem Großen gegründet wurde und bis heute produziert (geschlossen).

Die Großsiedlung **Siemensstadt**, auch **Ringsiedlung** genannt (s. Übersichtskarte; zwischen Jungfernheide, Goebelstraße und Heckerdamm), entstand 1929–32 nach einem städtebaulichen Gesamtplan von Stadtbaurat Martin Wagner und Hans Scharoun für die Mitarbeiter der Siemenswerke. Die Entwürfe für die einzelnen Wohnblöcke stammten von Mitgliedern der progressiven Architektenvereinigung »Der Ring« – daher der Beiname der Anlage. Scharouns Bebauungsplan brach radikal mit den städtebaulichen Prinzipien des 19. Jh.s und begründete einen neuen, großstädtischen Siedlungstyp, der zum Vorbild der internationalen modernen Architektur der Nachkriegszeit wurde: Es handelt sich um eine aufgelockerte Bebauung von meist in Nord-Süd-Richtung orientierten Zeilen aus mehrgeschossigen Mietshäusern, platziert in einer zusammenhängenden, gemeinschaftlichen Grünfläche mit Spiel- und Sitzgelegenheiten, ganz im Sinne von Scharouns Idee der Nachbarschaft. An den unterschiedlich gestalteten

Wohnblöcken zeigen sich die verschiedenen Richtungen des Neuen Bauens, etwa die plastisch geformten, vom Schiffsbau angeregten Eingangstrakte Scharouns, die eine trichterförmige Verengung zur S-Bahn-Station bilden; die kühle rationale Architektur von Walter Gropius oder die ›organische‹ Bauweise mit nierenförmig ausschwingenden Backsteinbalkonen von Hugo Häring. Seit 2008 gehört die Siedlung, die trotz mancher Kriegsschäden das authentische Bild von Architektur und Grünanlage bewahrt hat, zum UNESCO-Weltkulturerbe.

Altstadt von Spandau (s. Übersichtskarte und S. 164): Im 1232 erstmals urkundlich erwähnten und bis zur Eingemeindung nach Berlin 1920 selbstständigen Ort am Zusammenfluss von Havel und Spree haben sich trotz Kriegszerstörungen der mittelalterliche Stadtgrundriss und einige ältere Bauten erhalten. Aus der Bebauung mit Häusern des 17. und 18. Jh.s ragt das **Gotische Haus** aus dem 15. Jh. (Fassade spätes 18. Jh.) heraus, eine Dependance des Stadtgeschichtlichen Museums Spandau (Breite Straße 32). Besonders sehenswert ist **St. Nikolai** (Reformationsplatz), die ehemalige Marktkirche im Stil der norddeutschen Backsteingotik des frühen 15. Jh.s. Im Gegensatz zum schlichten Außenbau mit kräftigem Turm im Westen (1467/68, barocker Abschluss aus dem 18. Jh.) öffnet sich das Innere zu einer lichten, dreischiffigen Halle mit weiter Pfeilerstellung, Kreuzrippen- und Sterngewölben, dreigeteilten Spitzbogenfenstern sowie polygonalem Chor mit Umgang. Die polygonalen Pfeiler des Langhauses sind mit Spitzbogenblenden verziert. Nach Kriegszerstörungen wurde der Bau ohne Emporen und Wandbemalungen des 19. Jh.s wiederaufgebaut. Zu den sehenswerten Ausstattungsstücken gehören der Hochaltar, ein von Rochus Graf zu Lynar 1581 gestifteter Dreiflügelaltar mit Stuckreliefs (dahinter liegt der Zugang zur Familiengruft); ferner die Barockkanzel von etwa 1700, das Bronzetaufbecken von 1398 (Inschrift) und zahlreiche Epitaphe.

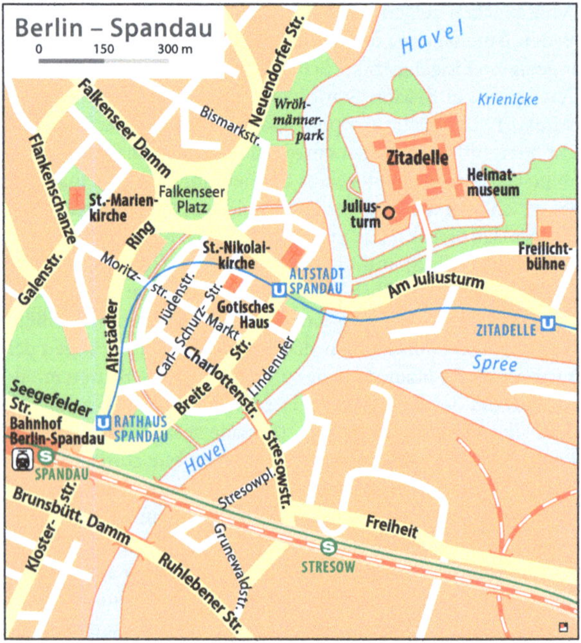

Zitadelle Spandau (s. Übersichtskarte und oben): Die auf einer Insel in der Havel gelegene Anlage zählt zu den bedeutendsten und besterhaltenen Festungen der Renaissance in Europa. Ab 1560 ließ Kurfürst Joachim II. unter Einbeziehung des Juliusturms (Anfang des 13. Jh.s) und anderer mittelalterlicher Reste vom Architekten Francesco Chiaramella de Gandino die strategisch wichtige Anlage am Fernhandelsweg nach Polen erbauen: eine quadratische Zitadelle mit vier pfeilspitzartigen Bastionen an den Ecken, nach dem Vorbild der damals modernsten italienischen Wehranlagen, die den neuen militärischen Anforderungen entsprachen und daher als uneinnehmbar galten. Das über eine Zugbrücke erreichbare Torhaus erhielt 1839 eine neue klassizistische Fassade mit Rustikaquadern (Wappen im Giebelfeld am Kommandantenhaus: 17. Jh.). Der Juliusturm bewahrte 1871–1919 den Reichskriegsschatz. In den verschiedenen Baulichkeiten der Zitadelle befinden sich heute das **Stadtgeschichtliche Museum Spandau**, die Dauerausstellung »Enthüllt. Berlin und seine Denkmäler« u. a. mit Statuen von Kaiser Wilhelms II. ehemaliger Siegesallee im Tiergarten oder dem Kopf des Ost-Berliner Lenindenkmals sowie Ausstellungen zu mittelalterlichen jüdischen Grabmälern, die ehemals in der Zitadelle vermauert waren, und zur Geschichte der Zitadelle.

Vom Jagdschloss Grunewald bis Glienicke

Das **Jagdschloss Grunewald** (s. Übersichtskarte; Hüttenweg 100) gehört in die Reihe der unbefestigten Jagdsitze ohne Verteidigungsfunktion, die in der Renaissance außerhalb der Stadt entstanden. Das ehemalige Wasserschloss, bestehend aus Haupthaus und Nebengebäuden, wurde 1542/43 vom Baumeister Caspar Theiß für Kurfürst Joachim II. am Ufer des gleichnamigen Sees errichtet und 1580–93 vom italienischen Architekten Rochus Graf zu Lynar zur heutigen Dreiflügelanlage ausgebaut. Trotz der Veränderungen von 1669–1707 (Abtragung der Giebel, Aufstockung zu einem dreigeschossigen Gebäude, Zuschüttung des Wassergrabens) ist das Schloss im Kern noch eines der wenigen erhaltenen Renaissancewerke im Großraum Berlin, mit charakteristischem Eingangsbau und Treppenturm. Die restaurierten Innenräume mit zum Teil rekonstruierter Renaissanceausstattung beherbergen Berlins größte Sammlung von Gemälden der Maler Lucas Cranach d. Ä. und d. J. sowie ihrer Werkstatt, teilweise Auftragswerke von Joachim II.; ferner deutsche und niederländische Malerei des 15. und 16. Jh.s, die Porträtgalerie brandenburgisch-preußischer Herrscher des 16.–19. Jh.s sowie das Jagdmuseum mit Zeugnissen der höfischen Jagd.

Waldsiedlung Zehlendorf »Onkel Toms Hütte« (s. Übersichtskarte; Argentinische Allee, Riemeisterstraße, Wilskistraße): Die nach einem nahegelegenen Ausflugslokal benannte Großsiedlung, eines der bedeutendsten Zeugnisse des Neuen Bauens in Berlin, wurde 1926–32 auf Initiative des Stadtbaurats Martin Wagner und des Bauunternehmers und Grundbesitzers Adolf Sommerfeld im gutbürgerlichen Viertel Zehlendorf für etwa 15 000 Bewohner des Mittelstandes angelegt, nach einem Gesamtkonzept von Bruno Taut. Neben Taut waren auch Hugo Häring und Otto Rudolf Salvisberg als Architekten tätig. Die unterschiedlichen Haustypen setzte Taut in den vorhandenen Baumbestand ein, was der Siedlung einen Charakter verleiht, der weniger städtisch anmutet als bei Großsiedlungen üblich. Ein Markenzeichen Tauts ist die differenzierte farbige Gestaltung der Fassaden, die Hausgruppen zu Einheiten zusammenfasst, etwa an der gebogenen Front »Peitschenknall«. Rationalisierte Bauweise, typisierte Grundrisse und wenige Baustoffe sollten auch in dieser Siedlung die Baukosten senken. Zukunftsweisend war die Konzentration der Versorgungseinheiten beim 1929 von Alfred Grenader erbauten U-Bahnhof.

Das **Haus Wiegand** (s. Übersichtskarte; Peter-Lenné-Straße 28–30), das der Architekt Peter Behrens 1911/12 für den Archäologen Theodor Wiegand baute, zählt zu den bedeutendsten Beispielen neoklassizistischer Villenarchitektur des frühen 20. Jh.s. Dem zweigeschossigen, erstmals ganz mit Muschelkalk verkleideten, fast schmucklosen Bau ist ein Eingangsatrium mit stark vereinfachten dorischen Säulen vorgelagert. Von

Behrens stammt auch die noch original erhaltene, kostbare Innenausstattung. Hier ist heute das Deutsche Archäologische Institut untergebracht, dessen Neubau zum Teil den ebenfalls original erhaltenen Garten beeinträchtigt.

Haus Freudenberg (s. Übersichtskarte; Potsdamer Chaussee 48) von 1907/08 ist das berühmteste Bauwerk des Architekten Hermann Muthesius, Mitbegründer des Deutschen Werkbundes und wichtiger Wegbereiter der Moderne, der vor allem für seine Entwürfe von Wohnhäusern berühmt wurde; angeregt von englischen Landhäusern, die er während seiner Tätigkeit als Attaché an der Deutschen Botschaft in London studieren konnte, setzte er sich für eine von historistischen Stilformen befreite, sachliche und bequeme Wohnarchitektur ein, die der bürgerlichen Lebensform entsprach. Das Haus Freudenberg erhält durch zwei in stumpfem Winkel um einen Mittelbau mit Fachwerkgiebel angeordnete Flügel, bis zum Erdgeschoss herabgezogene Walmdächer und weiß gerahmte Fenster seine charakteristische nüchterne, aber doch repräsentative Form, die sich harmonisch in die Landschaft einpasst – ein in Muthesius' Augen wichtiges Kriterium. In unmittelbarer Nachbarschaft liegt das ebenfalls englisch geprägte **Haus Muthesius** (Potsdamer Chaussee 49) von 1906/07, das Wohnhaus des Architekten.

Strandbad Wannsee (s. Übersichtskarte; Wannseebadweg 25): Obwohl nur weniger als die Hälfte der geplanten Anlage 1930 verwirklicht wurde, gelten die terrassenartig an den Hang gelehnten, mit gelben Klinkern verkleideten Stahlskelettbauten als größtes Binnenbad Europas. Den Architekten Martin Wagner, Stadtbaurat in Berlin, und Richard Ermisch gelang es, die funktionalen Anforderungen an eine Erholungsstätte für großstädtische Bevölkerungsmassen mit einer ästhetisch mustergültigen Architektur im Stil des Neuen Bauens zu verbinden. Große Hallen für Garderoben, Duschräume, Läden und Restaurants mit Sonnenterrassen und Sportflächen auf den Dächern werden durch eine überdachte Pergola verbunden.

Die **Villa Liebermann** (s. Übersichtskarte; Colomierstraße 3) baute sich 1909/10 der Maler Max Liebermann, Präsident der Preußischen Akademie der Künste, Mitbegründer der Berliner Secession und Hauptvertreter des deutschen Impressionismus, als Sommerhaus direkt am Ufer des Wannsees. Hier hatte der Bankier Wilhelm Conrad 1863 die Villenkolonie Alsen für die Sommerfrische des wohlhabenden Berliner Großbürgertums gegründet. Bedeutender als die neoklassizistische Architektur der Villa von Paul Baumgarten ist der Garten, den Liebermann zusammen mit seinem Freund Alfred Lichtwark, Direktor der Hamburger Kunsthalle und Vertreter der Gartenreformbewegung, um 1900 anlegen ließ. Die Anlage gilt seit der Rekonstruktion 2002–14 als einzigartiges Zeugnis dieser Gartenreform, die im Unterschied zum damals beliebten ›natürlichen‹ englischen Park regelmäßige Anlagen mit geometrischen Hecken und Beeten und geraden Wegen bevorzugte, die lange Sichtachsen ergaben wie hier vom Vorgarten durch das Gebäude hindurch zum rückwärtigen Garten bis zum Wannsee. Liebermann hielt seinen Garten in zahlreichen Gemälden fest. 1935 wurde der Komplex des jüdischen Malers beschlagnahmt. Nach verschiedenen Nutzungen konnte er dank der Unterstützung der Max-Liebermann-Gesellschaft umfangreich saniert werden und ist seit 2006 Sitz des Museums, in dem vor allem Werke des Künstlers gezeigt werden, die während seiner zahlreichen Sommeraufenthalte entstanden sind, ferner Wechselausstellungen sowie eine Dokumentation zur Geschichte der Familie und des Anwesens.

Haus der Wannseekonferenz, ehemals **Villa Marlier** (s. Übersichtskarte; Am Großen Wannsee 56–58): 1914/15 ließ sich der Fabrikant Ernst Marlier in der damals beliebten Villenkolonie Alsen vom Architekten Paul Baumgarten ein Sommerhaus von fast schlossartigen Dimensionen im neobarocken Stil erbauen, umgeben von einem ausgedehnten Park, der wie der Garten der Villa Liebermann nach den Kriterien der Gartenreformbewegung regelmäßig angelegt war. Nach der Veräußerung des Anwesens fand hier am 20. Januar 1942 die Wannseekonferenz statt, auf der führende Vertreter von SS, NSDAP und mehrerer Reichsministerien über die »Endlösung der Judenfrage« entschieden. Seit 1992 ist hier die »Gedenk- und Bildungsstätte Haus der Wannseekonferenz« beheimatet, die in einer Dauerausstellung und verschiedenen Veranstaltungen über Nationalsozialismus, Verfolgung, Vertreibung, Deportation und Ermordung der Juden informiert.

Pfaueninsel (s. Übersichtskarte): 1793 erwarb König Friedrich Wilhelm II. die verwilderte Insel in der Havel als Ausflugsziel für Bootsfahrten aus Potsdam und ließ ein kleines Schloss und einen Landschaftsgarten mit Meierei anlegen, um einen Rückzugsort für die Begegnungen mit seiner langjährigen Mätresse, der späteren Gräfin Lichtenau, zu schaffen. Inseln entsprachen in besonderem Maß der Vorstellung der Zeit von einer abgeschiedenen, erträumten Welt, die durch das Wasser der Realität entrückt war – eine Atmosphäre, zu der auch die hier angesiedelten Pfauen beitrugen. Friedrich Wilhelm III. nutzte die Insel später gelegentlich für Sommeraufenthalte mit seiner Gemahlin Königin Luise und ließ weitere Gebäude hinzufügen, darunter das Palmenhaus und die Menagerie (beide zerstört) für die hier angesiedelten exotischen Tiere – eine Art privater Tierpark, der Grundstock für den 1841 gegründeten Zoo in Berlin. Nur die Pfauen sind bis heute geblieben. Der Gartenarchitekt Peter Joseph Lenné schuf 1821 den heutigen englischen Landschaftsgarten – eine der bedeutendsten Gartenanlagen des 19. Jh.s., mit verschlungenen Wegen, Wiesen und malerischen Ausblicken, unter weitgehender

Erhaltung des alten Baumbestandes. Der damals angelegte **Rosengarten** war der erste seiner Art in Preußen (seit 1989 wiederhergestellt). Die gusseiserne Fontäne von 1825 markiert den höchsten Punkt der Insel über dem Wasserreservoir der englischen Dampfmaschine – das erste Beispiel der neuen Bewässerungstechnik in der Berlin-Potsdamer Parklandschaft. Nach dem Tod Friedrich Wilhelms III. 1840 wurde die Insel kaum noch genutzt. Seit 1924 ist die Pfaueninsel wegen der seltenen Pflanzen, Bäume und Tiere Naturschutzgebiet und zählt seit 1990 zusammen mit Glienicke und Potsdam zum UNESCO-Weltkulturerbe. Heute durch Fähren erreichbar, ist sie ein beliebtes Ausflugsziel.

Das bedeutendste Bauwerk der Insel ist das **Schloss**, das Friedrich Wilhelm II. sich 1794–97 vom Zimmermeister Johann Gottlieb Brendel als, so eine zeitgenössische Beschreibung, »verfallenes römisches Landhaus« errichten ließ: eine künstliche, romantische Ruine in Form einer mittelalterlichen Burg mit zwei Rundtürmen, die eine gusseiserne neogotische Brücke verbindet. Der strahlend weiße Bau aus Fachwerk mit bemalter Holzverschalung sollte vom Potsdamer Ufer aus als architektonischer Akzent in der grünen Natur gut sichtbar sein. Im wohl maßgeblich von der Mätresse mitbestimmten Inneren in verschiedenen Stilen hat sich die einzige original erhaltene Raumausstattung der Zeit Friedrich Wilhelms II. erhalten. Klassizistische Räume erinnern an einen Romaufenthalt, wie etwa der Saal im Obergeschoss mit Deckengemälden nach Werken von Guido Reni und Annibale Carracci; daneben ist das »Otaheitische Kabinett« von besonderem Interesse: ein von Peter Ludwig Lütke als Bambushütte im Südseestil ausgemalter Raum.

Die im Park gelegene **Meierei** für die Milchviehhaltung schuf Brendel 1795 als künstliche Ruine eines gotischen Klosters. Von den späteren Bauten Friedrich Wilhelms III. im Park sind besonders hervorzuheben: das 1824 von Karl Friedrich Schinkel umgestaltete **Kavaliershaus**, das originale Fassadenelemente eines Danziger Patrizierhauses des 15. Jh.s integriert; der klassizistische **Gedenktempel für Königin Luise** mit dem 1811 von Heinrich Gentz erbauten Säulenportikus des Mausoleums in Charlottenburg, der 1829 hierher versetzt und dort durch eine Kopie ersetzt wurde; das **Schweizerhaus** von 1829/30 nach Plänen Schinkels und der **Fregattenschuppen**, ein hölzernes Bootshaus für das Segelschiff »Royal Louise«. Die Bauten der Pfaueninsel zeigen insgesamt das Bemühen um Stilvielfalt und denkmalpflegerische Konservierung historischer Gebäude.

St. Peter und Paul auf Nikolskoe (s. Übersichtskarte; Nikolskoer Weg 17), zusammen mit dem benachbarten **Blockhaus Nikolskoe** (»Russisches Haus«) ein Zeugnis der Russlandverehrung Preußens, liegt mitten im Wald hoch über dem Havelufer – neben der sakralen Funktion als Pfarrkirche auch ein Blickpunkt in der Landschaft. Der Auftraggeber, König Friedrich Wilhelm III., dessen Tochter mit Zar Nikolaus I. verheiratet war, verlangte eine Kirche im russischen Stil, aber die Architekten Friedrich August Stüler und Albert Dietrich Schadow schufen 1834–37 einen Saalbau mit halbrunder Apsis, dessen neoromanischer Stil an die Vorstadtkirchen von Karl Friedrich Schinkel erinnert und nur durch einige russische Details wie den Zwiebelturm bereichert wird. Der im frühchristlich-byzantinischen Stil ausgemalte Innenraum ist als einziger der Schinkelzeit in Berlin unverändert erhalten, einschließlich der liturgischen Ausstattung.

Jagdschloss Glienicke (s. Übersichtskarte; Königstraße 36 B): Das 1682–85 erbaute kurfürstliche Jagdschloss wurde schon Anfang des 18. Jh.s aufgegeben und erlebte erst wieder eine neue Blütezeit, als 1859 Prinz Carl von Preußen, der den Auftrag für den Bau des bedeutenden Komplexes von Klein-

Glienicke erteilt hatte, die Anlage vom Hofarchitekten Ferdinand von Arnim für seinen Sohn umbauen ließ, und zwar in den Formen des französischen Rokoko. 1889 wurde der Bau durch Albert Geyer im süddeutschen Barockstil und 1963 durch Max Taut in modernen Formen verändert (2003 nach einem Brand rekonstruiert). Der Park geht auf die Gestaltung Peter Joseph Lennés von 1860–62 zurück (1986–88 rekonstruiert).

♦ **Schloss und Park Klein-Glienicke** (s. Übersichtskarte; Königstraße 36) mit den zahlreichen, in die Grünanlage eingebetteten Parkburgen bilden ein weltweit einzigartiges Ensemble aus Architektur und Landschaft im Geist des Berliner Klassizismus und der Romantik. Glienicke ist zusammen mit der Pfaueninsel und den Schlossanlagen von Potsdam an der seenartig erweiterten Havel seit 1990 in die Liste des UNESCO-Weltkulturerbes eingetragen. Der Ursprung der Anlage geht auf das kurfürstliche Jagdschloss aus dem 17. Jh. und das Gutshaus des 18. Jh.s, das spätere Schloss Klein-Glienicke, mit ihren umliegenden Gärten zurück. Ab 1814 ließ der neue Besitzer, der spätere Staatskanzler Karl August von Hardenberg, den ersten Teil des englischen Landschaftsparks anlegen. Aber erst nachdem Prinz Carl von Preußen, ein Sohn von König Friedrich Wilhelm III., Glienicke 1824 als Sommersitz erworben hatte, entstand hier mit den Bauten von Karl Friedrich Schinkel, Ludwig Persius und Ferdinand von Arnim und den Gartenanlagen von Peter Joseph Lenné im Laufe von 60 Jahren die heutige Kulturlandschaft von europäischem Rang – ein preußisches Arkadien, in dem Landschaft, Architektur und die Sammlung antiker Kunstwerke zu einer harmonischen Einheit verschmolzen und Carls Traum vom preußischen Italien in Erfüllung ging. Vom heutigen Haupteingang, dem **Johannitertor** von 1862 mit **Pförtnerhaus** von 1852 von Ferdinand von Arnim, trifft man zunächst auf das halbrunde **Stibadium**, einen 1840–42 von Ludwig Persius angelegten, überdachten Teeplatz, der ursprünglich mit kleinformatigen Nachbildungen antiker Statuen geschmückt war. Die 1828 von Schinkel geschaffene **Löwenfontäne** charakterisieren zwei Säulenstellungen, die vergoldete Löwen bekränzen, Geschenke von Prinz Carls Schwester aus St. Petersburg.

Das klassizistische **Schloss** erhielt seine heutige Form, als Prinz Carl 1825–27 ein älteres Gutshaus von Karl Friedrich Schinkel zu einer zweigeschossigen Dreiflügelanlage mit asymmetrischem Mittelrisalit umbauen und später um den Hofdamenflügel, das Kavaliergebäude, die Pergola, Remisen und den Belvedereturm erweitern ließ, so dass sich der Eindruck eines scheinbar zufällig gewachsenen, asymmetrischen Ensembles ergibt, das sich zum Landschaftspark öffnet. Axiale Bezüge zum Park werden absichtlich vermieden, um das ›Zufällige‹ der Anlage zu unterstreichen. Daher verzichtete Schinkel auch auf einen frontalen Zugang und führte den Besucher durch einen versteckt im Gartenhof liegenden Eingang ins Innere. An den Wänden des Hofs finden sich nur noch wenige Stücke der einst zahlreichen antiken Fragmente aus Prinz Carls Kunstsammlung. Den Brunnen schmückt eine Kopie der antiken »Ildefonso-Gruppe« von 1828, eine Nachahmung des Arrangements mit derselben Gruppe in Weimar, der Heimat von Prinz Carls Gemahlin. Von der hochbedeutenden Raumausstattung Schinkels haben sich nur wenige Reste im Eingangsbereich und im Gartensaal erhalten. Die in unterschiedlichen kräftigen Farben gestalteten Räume im Obergeschoss, ehemals die Appartements für den Prinzen und seine Gemahlin, sind heute museal mit Möbeln aus der Zeit Schinkels eingerichtet. Im Westflügel ist das europaweit einzigartige **Hofgärtnermuseum** untergebracht. Im Hof der Remise steht der »Neptunbrunnen« von 1838 mit der gusseisernen Statue von Ernst Rietschel.

Die **Parkanlage** zählt zu den wichtigsten englischen Landschaftsgärten auf dem Kontinent. Neben dem verantwortlichen Gartenarchitekten Peter Joseph Lenné nahmen auch der Gartenliebhaber Heinrich Fürst von Pückler-Muskau und der Auftraggeber selbst, Prinz Carl, Einfluss auf die Gestalt der Anlage. Gemäß den Vorstellungen des englischen Gartenspezialisten Humphry Repton ist das Areal in die Bereiche Blumengarten – hier im Hof des Schlosses –, den an das Gebäude anschließenden Pleasureground und den entfernteren Park unterteilt. Der Pleasureground zeichnet sich durch stark bewegte Täler und Hügel, gekurvte Wege und Rasenflächen aus, die von Schmuckziegeln eingefasste Blumenbeete nach Ideen Pücklers akzentuieren. Für die Aufstellung antiker Fragmente ließ sich Prinz Carl von italienischen Gärten inspirieren. Im Park wechseln sich ein großer Wiesengrund mit waldartigen Bereichen, eine unter Ausnutzung der topographischen Gegebenheiten angelegte alpine Landschaft mit Schluchten, künstlichem Wasserfall und Ruine (»Teufelsschlucht« mit der »Teufelsbrücke«) sowie ein künstlich geschaffener Bergpark mit steil abfallenden Hängen (»Carpathen«, 1857 nach Plänen von Prinz Carl) ab. Charakteristisch für die Gartengestaltung Lennés sind die zahlreichen Sichtachsen.

Wie für Landschaftsgärten üblich sind verschiedene kleine Gebäude als Blickpunkte in die Natur eingefügt. Die **Kleine Neugierde**, ein Teepavillon zum ungesehenen Beobachten des Verkehrs auf der Chaussee zwischen Berlin und Potsdam, legte Karl Friedrich Schinkel 1825 in Form eines kleinen antiken Tempels an, mit zwei Zimmern im pompejanischen Stil. Die Arkade im Stil der Florentiner Frührenaissance kam erst 1848 hinzu. Auch die **Rotunde**, die sogenannte **Große Neugierde** von 1835, war als Aussichtspunkt auf die 1834 neugebaute Glienicker Brücke gedacht. Über einen Rundtempel setzte Schinkel einen Aufsatz in Form des Athener Lysikrates-

Das Casino in Klein-Glienicke

denkmals. Das Casino mit Blick über den Jungfernsee, ein 1824/25 von Schinkel umgebautes Billardhaus, war damals eine viel beachtete Attraktion und sollte Prinz Carl an die von ihm geliebten Villen am Golf von Neapel erinnern. Schinkel schuf eine für die Zeit neuartige Architektur: Den quaderförmigen, klassizistischen Putzbau flankieren von Weinlaub umrankte Pergolen, die einerseits den von Peter Joseph Lenné angelegten Pleasureground des Gartens begrenzen und sich andererseits dank ihrer gitterartigen Struktur zusammen mit den Terrassenanlagen zum weiten Seenpanorama öffnen. Schinkels klassizistische Innenausstattung hat man nach den Kriegszerstörungen nur im Marmorsaal und im südlichen Kabinett – eines der aufwendigsten Raumkonzepte des Architekten – wiederhergestellt (nur im Rahmen von Sonderveranstaltungen geöffnet). Auch von der im Garten, am Außenbau und im Inneren aufgestellten Antikensammlung Prinz Carls haben sich heute nur wenige Stücke bewahrt. Alle drei Parkbauten Schinkels charakterisiert die enge Verbindung von Architektur und Natur: Sie sind einerseits Plattformen für Ausblicke in die Umgebung, stellen andererseits aber auch dominante Blickpunkte in der Parklandschaft dar. Als weitere Bauten sind zu nennen: der 1850 von Ferdinand von Arnim erbaute **Klosterhof**, dessen neoromanischer Stil der hier ausgestellten Sammlung Prinz Carls von byzantinischen und mittelalterlichen Kunstwerken, meist aus Venedig, angepasst ist – trotz Verlusten noch heute eine der wichtigsten Sammlungen ihrer Art; das **Dampfmaschinen- und Gärtnerhaus** von Ludwig Persius (1836–38) nach Art eines italienischen Kastells, ein frühes Beispiel für eine neue, technisch bestimmte Bauaufgabe; das **Matrosenhaus** von 1840–43, ebenfalls von Persius; der **Jägerhof**, 1828 von Schinkel, vielleicht unter Mitwirkung von Prinz Carl im neogotischen Landhausstil angelegt.

Museen

Abguss-Sammlung Antiker Plastik (III A2): Die Studiensammlung des Instituts für Klassische Archäologie der Freien Universität Berlin, die sich auch an interessierte Laien wendet, bietet anhand von Gipsabgüssen antiker Originale – eine bis in die Barockzeit zurückreichende Tradition – einen Überblick über die griechische und römische Skulptur vom 3. Jt. v. Chr. bis zum 1. Jh. n. Chr., zeigt aber auch Werke aus Byzanz, Mesopotamien und Ägypten.

Ägyptisches Museum und Papyrussammlung: s. Neues Museum, S. 58.

Alliierten-Museum (s. Übersichtskarte; Clayallee 135): In Dauer- und Wechselausstellungen wird die Geschichte der alliierten Westmächte in Berlin (1945–94) gezeigt. Die Sammlung umfasst Objekte zur militärischen und politischen Bedeutung sowie zur Alltagskultur der Alliierten, darunter auch einen »Rosinenbomber« aus der Zeit der Luftbrücke. Es ist geplant, das Museum, verbunden mit einem neuen Ausstellungskonzept, im Tempelhofer Flughafen unterzubringen.

Alte Nationalgalerie: s. S. 59.

Altes Museum: s. S. 54.

Antikensammlung: s. Altes Museum, S. 54 f., und Pergamonmuseum, S. 62.

Archäologisches Haus (II G2): Hier werden die mit dem Ort verbundenen archäologischen Ausgrabungen gezeigt, darunter die mittelalterliche Lateinschule.

Bauhaus-Archiv / Museum für Gestaltung: s. S. 93

Belvedere im Park von Schloss Charlottenburg (Sammlung der Königlichen Porzellanmanufaktur, KPM): s. S. 162.

Berlinische Galerie (I F3): Das in einer umgebauten Glaslagerhalle von 1965 untergebrachte Landesmuseum für Moderne Kunst, Fotografie und Architektur bietet einen Überblick über

Berliner Kunst von 1870 bis heute, vor allem zur Berliner Secession (Max Liebermann und Lovis Corinth), zum Dadaismus und Expressionismus (Otto Dix, George Grosz), zur Neuen Sachlichkeit, zur osteuropäischen Avantgarde sowie zur Kunst der geteilten und wiedervereinten Stadt. Außerdem sind hier graphische Werke und eine Fotosammlung sowie Architekturmodelle zu sehen.

Bode-Museum: s. S. 63.

Brecht-Weigel-Museum (ehemalige Brecht-Weigel-Gedenkstätte; I F1): Im Brecht-Haus kann man die Wohnung besichtigen, in der Bertolt Brecht von 1953 bis zu seinem Tod 1956 lebte und arbeitete: mit noch weitgehend original erhaltener Einrichtung und der nachgelassenen, 4000 Bände umfassenden Bibliothek. In der Wohnung seiner Frau Helene Weigel befinden sich das Bertolt-Brecht- und das Helene-Weigel-Archiv.

Bröhan-Museum (III A2): s. S. 152.

Brücke-Museum (s. Übersichtskarte; Bussardsteig 9): Im villenartigen Museumsbau des Architekten Werner Düttmann von 1966/67 befindet sich die weltweit einzige Spezialsammlung von Werken der Künstlervereinigung »Die Brücke«, die 1905 in Dresden gegründet wurde, 1911 nach Berlin wechselte und die Entwicklung des deutschen Expressionismus entscheidend bestimmte. Ihr erklärtes Ziel war es, sich vom konventionellen Stil der Akademien zu lösen, also nicht mehr die sichtbare Erscheinung der Dinge zu malen, sondern die innere Gefühlswelt des Künstlers zu zeigen – durch ausdrucksstarke, kontrastreiche Farben, vereinfachte und vergröberte Formen ohne traditionelle Perspektive, in überlangen oder gedrungenen Proportionen. Hier wird ein einzigartiger Bestand an Gemälden, Zeichnungen, Aquarellen und Holzschnitten von Brücke-Mitgliedern gezeigt, wie Erich Heckel, Ernst Ludwig Kirchner, Otto Mueller, Emil Nolde, Max Pech-

Ernst Ludwig Kirchner, »Sich kämmender Akt«, 1913. Brücke-Museum

stein und Karl Schmidt-Rottluff (wegen Sanierung seit 2023 geschlossen).

Centrum Judaicum: s. S. 121.

C/O Berlin (III C3): Seit 2014 wird im ehemaligen Amerika-Haus von 1956/57 zeitgenössische Fotografie präsentiert.

Deutsche Kinemathek – Museum für Film und Fernsehen (I E2): In einer spektakulären Ausstellungsinszenierung werden 100 Jahre Film- und 50 Jahre Fernsehgeschichte präsentiert, in der Kombination beider Medien in Europa einzigartig.

Deutsches Historisches Museum: s. Zeughaus, S. 45.

Deutsches Technikmuseum (I E3): Das 1982 gegründete Museum auf dem Gelände des ehemaligen Anhalter Güterbahnhofs widmet sich der Kulturgeschichte der Technik, mit Ausstellungen zu den Bereichen Chemie- und Pharmaindustrie, Energie-, Film- und Fototechnik, Historische Brauerei, Luft- und Raumfahrt, Nachrichten- und Papiertechnik, Rechen- und Automatisierungstechnik, Schienenverkehr, Schifffahrt, Schreib- und Drucktechnik, Straßenverkehr sowie Textiltechnik. Im spektakulären gläsernen Neubau von 2003 wird die Entwicklung der Luft- und Raumfahrt gezeigt (mit »Rosinenbomber« auf dem Dach), in zwei historischen Lokschuppen sind rund 40 Eisenbahnfahrzeuge zu sehen, und im Museumspark alte Mühlen und eine Brauerei.

Domsammlung: s. S. 51.

East-Side-Gallery: s. S. 131.

Ephraim-Palais: s. S. 110.

Ethnologisches Museum: s. S. 70.

Futurium (I E1): Das 2019 eröffnete moderne Gebäude (Entwurf: Richter Musikowski Architekten) beherbergt ein Forum für Wissenschaft, Wirtschaft und Politik, das sich mit Fragen der Zukunftsgestaltung beschäftigt.

Gedenkstätte Berlin-Hohenschönhausen (s. Übersichtskarte; Genslerstraße 66): In der gut erhaltenen, ehemaligen zentralen Untersuchungshaftanstalt des Ministeriums für Staatssicherheit (Stasi) wird über politische Verfolgung und Unterdrückung des DDR-Regimes informiert, bei Führungen sogar durch ehemalige Häftlinge.

Gedenkstätte Berliner Mauer (s. Übersichtskarte; Bernauer Straße 111–119): Das Dokumentationszentrum erinnert mit Museum, Kapelle und erhaltenen Resten der Mauer mit Grenzanlagen und Wachturm an die Geschichte Berlins vom Bau der Mauer 1961 bis zu ihrem Fall 1989. Hier an der Bernauer Straße verlief die Mauer mitten durch die Straße.

Gedenkstätte Plötzensee (s. Übersichtskarte; Hüttigpfad 16): Im ehemaligen Gefängnis wird an die 3000 Menschen erinnert, die das NS-Regime hier zwischen 1933 und 1945 zu Unrecht hingerichtet hat.

Gemäldegalerie (I E2): Seit 1998 befindet sich die Gemäldegalerie, eine der weltweit bedeutendsten Sammlungen europäischer Malerei vom 13. bis zum 18. Jh., in einem eigens am Kulturforum vom Architekturbüro Hilmer & Sattler errichteten Gebäude. Der schlichte, vom preußischen Klassizismus inspirierte Bau gruppiert die Sammlungsräume um eine lichte dreischiffige Wandelhalle. Der Ursprung der Gemäldegalerie geht neben den königlichen Privatsammlungen auf die intensiven Ankäufe von Friedrich Wilhelm III. Anfang des 19. Jh.s für ein öffentliches Bildungsmuseum zurück, das sich erstmals an wissenschaftlichen Kriterien der Kunstgeschichte orientierte. Ab 1830 im neu erbauten Alten Museum ausgestellt, kam die durch den damaligen Direktor Wilhelm von Bode erheblich erweiterte Sammlung zum Teil 1904 ins Bode-Museum. Nach dem Zweiten Weltkrieg, dem trotz Auslagerung etwa 400 Meisterwerke zum Opfer fielen, war die Sammlung zwischen den beiden Standorten in Dahlem und der Museumsinsel in Ost-Berlin aufgeteilt. Nach der Wiedervereinigung wurden beide Sammlungen im heutigen Neubau zusammengeführt.

Da die Planungen für den Bau aber schon auf die Zeit vor der Wende zurückgingen und größenmäßig nur die Bestände aus Dahlem berücksichtigt haben, herrschte von Anfang an Platzmangel. Dennoch hat man den ursprünglich geplanten Neubau beim Bode-Museum zugunsten des Museums der Moderne am Kulturforum aufgegeben.

Zu den besonderen Schwerpunkten der Sammlung gehören: italienische Malerei des 13. bis 16. Jh.s mit Werken wie Giottos »Marientod«, Fra Angelicos »Jüngstes Gericht«, Antonio del Pollaiuolos »Profilbildnis einer jungen Frau«, Sandro Botticellis »Maria mit singenden Engeln«, Giovanni Bellinis »Auferstehung Christi« und »Toter Christus von zwei Engeln gestützt«, Andrea Mantegnas »Porträt des Kardinals Trevisani« und »Darstellung Christi im Tempel«, Antonello da Messinas »Bildnis eines jungen Mannes«, Raffaels »Madonna Terranuova«, Correggios »Leda mit dem Schwan«, Tizians »Clarissa Strozzi im Alter von zwei Jahren« und »Venus mit dem Orgelspieler«; ferner die deutsche Malerei des 13. bis 16. Jh.s mit Werken von Konrad Witz, Hans Multscher (Flügel des »Wurzacher Altars«), Martin Schongauer, Hans Holbein d. Ä., Albrecht Dürer (Porträts »Hieronymus Holzschuher« und »Jakob Muffel«; »Madonna mit dem Zeisig«), Hans Baldung, genannt Grien, Albrecht Altdorfer, Lucas Cranach d. Ä. (22 Bilder, darunter »Venus und Amor«) und Hans Holbein d. J. (»Kaufmann Gisze«). Auch die niederländische Malerei des 14. bis 16. Jh.s ist mit wichtigen Gemälden vertreten: Jan van Eycks »Madonna in der Kirche« und »Giovanni Arnolfini«, Rogier van der Weydens »Bladelin-Altar« und »Bildnis einer Frau mit Flügelhaube«, Hugo van der Goes' »Monforte-Altar«, Pieter Bruegels »Niederländische Sprichwörter«; außerdem die flämische und holländische Malerei des 17. Jh.s, darunter 17 Bilder von Peter Paul Rubens (»Perseus befreit Andromeda«, »Kind mit Vogel« u. a.), sieben Werke von Anthonis van Dyck; Jan Brueghels d. Ä. »Blumenstrauß«, Franz Hals'

»Malle Babbe«; einer der umfangreichsten Bestände an Gemälden von Rembrandt, darunter »Selbstbildnis mit Samtbarett«, »Bildnis Hendrickje Stoffels« und der umstrittene »Mann mit dem Goldhelm«; Jan Vermeers »Herr und Dame beim Wein«. Auch das 17. und 18. Jh. der italienischen, deutschen, französischen, spanischen und englischen Malerei ist durch wichtige Maler vertreten, etwa Caravaggio (»Amor als Sieger«), Giovanni Battista Tiepolo, Claude Lorrain, Nicolas Poussin (»Selbstporträt«), Antoine Watteau, Diego Velazquez, Bartolomé Esteban Murillo und Thomas Gainsborough (»Die Marsham-Kinder«).

Georg-Kolbe-Museum: s. S. 149.

Gipsformerei der Staatlichen Museen zu Berlin (III A2): Die weltweit größte Einrichtung dieser Art stellt seit 150 Jahren original große Gipsabgüsse von Kunstwerken aller Epochen her, von der klassischen Antike und der Kunst Ägyptens bis zum 19. Jh. Die meisten Abgussformen stammen von Werken der Berliner Museen, ergänzt durch berühmte Beispiele aus europäischen Sammlungen – eine Auswahl kann im Schauraum besichtigt werden, der interessierte Käufer kann aber nach Katalog aus dem gesamten Bestand bestellen.

Hamburger Bahnhof – Museum für Gegenwart: s. S. 87.

Haus der Wannseekonferenz: s. S. 168.

Hugenottenmuseum: s. S. 77.

Jagdschloss Grunewald: s. S. 165.

Jüdisches Museum: s. S. 133.

Käthe-Kollwitz-Museum: s. S. 159.

Knoblauchhaus: s. S. 109.

Königliche Porzellanmanufaktur (KPM): s. S. 167

Kulturbrauerei: s. S. 124.

Kunstbibliothek (I E2): Die kunstwissenschaftliche Spezialbibliothek zeigt regelmäßig Sonderausstellungen aus ihrem Bestand von Handzeichnungen, Ornamentstichen, der Lipperheideschen Kostümbibliothek, Gebrauchsgraphik, Plakat- und Reklamekunst, Fotografien und Buchkunst.

Kunstgewerbemuseum am Kulturforum (I E2): Das 1867 gegründete Museum, das erste seiner Art in Deutschland, zeigt seit 1985 im Gebäude von Rolf Gutbrod eine international hochbedeutende Sammlung von europäischem Kunsthandwerk vom Mittelalter über Renaissance, Barock und Rokoko bis zum Art déco und zu Klassikern des modernen Industriedesigns. Zu den Schwerpunkten gehören Gold- und Silberschmiedearbeiten, insbesondere aus mittelalterlichen Kirchenschätzen (etwa das »Bursenreliquiar« oder das »Kuppelreliquiar« und der »Tragaltar« aus dem »Welfenschatz«), und spätere Arbeiten wie das »Lüneburger Ratssilber« – der letzte erhaltene Ratsschatz einer deutschen Handelsstadt –, außerdem Gefäße aus Keramik, Porzellan, Emaille und Glas – vor allem der italienischen Renaissance sowie aus der Meißener Porzellanmanufaktur und aus der Königlichen Porzellanmanufaktur –, Möbel, Tapeten, Teppiche, Kostüme, Schmuck und Mode.

Kunstgewerbemuseum: s. Schloss Köpenick, S. 133.

Kupferstichkabinett (I E2): Die Sammlung besitzt einen der weltweit bedeutendsten Bestände an europäischer und internationaler »Kunst auf Papier« vom Mittelalter bis in die Gegenwart – Zeichnungen, Druckgraphik, Aquarelle, Pastelle, Ölskizzen und Prachthandschriften. An Zeichnungen gibt es insbesondere italienische, altdeutsche und niederländische, etwa von Sandro Botticelli, Giovanni Battista Tiepolo, Albrecht Dürer, Albrecht Altdorfer, Hieronymus Bosch und Rembrandt, dazu Zeichnungen der deutschen Kunst des 19. Jh.s, vor allem von Caspar David Friedrich, Carl Blechen, Karl Friedrich Schinkel und Adolph Menzel; im Bereich Druckgraphik der klassischen Moderne sind u. a. Edvard Munch, Ernst Ludwig Kirchner und Pablo Picasso vertreten, dazu die internationale Nachkriegskunst, die Pop-Art, Conceptual Art und Minimal Art.

Liebermann-Villa am Wannsee: s. S. 168.

Märkisches Museum: s. S. 106.

Mauermuseum: s. S. 102.

Mercedes-Benz Contemporary: s. S. 100.

Münzkabinett: Die einzigartige Sammlung ist auf mehrere Orte verteilt – s. Antikensammlung im Alten Museum, S. 55, Bode-Museum, S. 63, Museum für Vor- und Frühgeschichte im Neuen Museum, S. 58.

Museum Berggruen: s. S. 152.

Museum der Dinge: s. Werkbundarchiv, S. 187.

Museum der Moderne: s. S. 95.

Museum Europäischer Kulturen (s. Übersichtskarte; Arnimallee 25): Der schlossartige, 1914–25 von Bruno Paul errichtete Museumsbau beherbergt die Dauerausstellung »Kulturkontakte. Leben in Europa«, die Alltagskultur und populäre Kunst in Europa vom 18. Jh. bis zur Gegenwart zeigt und sich vor allem der Identität und Zugehörigkeit von Gruppen und Individuen widmet. Die Sammlung ist aus dem Museum für Volkskunde und der europäischen Sammlung des Ethnologischen Museums hervorgegangen.

Museum für Asiatische Kunst: s. S. 70.

Museum für Byzantinische Kunst: s. Bode-Museum, S. 64.

Museum für Fotografie / Helmut-Newton-Stiftung (III C2): Das ehemalige Landwehr-Kasino von 1909 beherbergt seit 2004 zwei Einrichtungen zur Kunst der Fotografie – die Dauerausstellung »Helmut Newton Private Property« zeigt Werke, die der berühmte Mode- und Porträtfotograf kurz vor seinem Tod der in Berlin gegründeten Stiftung überlassen hat, sowie Sonderausstellungen mit Fotografien Newtons und seiner Weggefährten. Im 2010 renovierten, historischen Kaisersaal des Kasinos wird die Sammlung Fotografie der Kunstbibliothek Berlin ausgestellt.

Museum für Gegenwart: s. S. 87.

Museum für Islamische Kunst: s. Pergamonmuseum, S. 62.

Museum für Kommunikation: s. S. 104.

Museum für Naturkunde (I E1): Das bereits 1810 zusammen mit der Humboldt-Universität gegründete Museum befindet sich seit 1889 in dem eigens von August Tiede entworfenen Neorenaissancebau. Mit mehr als 25 Millionen Objekten ist es die größte Sammlung auf den Gebieten Zoologie, Paläontologie und Mineralogie weltweit und die mit dem größten Dinosaurierskelett; ergänzend gibt es Ausstellungen über den Kosmos und das Sonnensystem, die Entstehung der Erde und die Evolution.

Museum für Vor- und Frühgeschichte: s. Neues Museum, S. 58.

Museum in der Kulturbrauerei: s. S. 124.

Museumsdorf Düppel (s. Übersichtskarte; Clauertstraße 11): Das Freilichtmuseum zeigt eine rekonstruierte mittelalterliche Dorfanlage mit Wohnhäusern, Speichern, Handwerksstätten, Brunnen, Viehweiden, Feldern und Gärten aus der Zeit um 1200. Die Pfostenhäuser stehen auf den Grundrissen einer märkischen Siedlung, die ab 1967 hier ausgegraben wurde. Hier wird auch die Lebensweise in einem mittelalterlichen Dorf erforscht und Arten werden rückgezüchtet.

Musikinstrumenten-Museum (I E2): In dem von Hans Scharoun entworfenen Gebäude (1984) werden Instrumente der europäischen Kunstmusik des 16. bis 20. Jh.s gezeigt, darunter so einzigartige Beispiele wie die Naumburger Blasinstrumente aus der ersten Hälfte des 17. Jh.s, eine Violine von Antonio Stradivari, das Reisecembalo von Sophie Charlotte, mehrere Querflöten Friedrichs des Großen, Carl Maria von Webers eigener Hammerflügel und die größte Kino- und Theaterorgel des europäischen Kontinents, die »Mighty Wurlitzer«.

Neue Nationalgalerie: s. S. 96.

Neues Museum: s. S. 56.

Palais Populaire: s. S. 45.

Pergamonmuseum: s. S. 62.

Pergamonmuseum. Das Panorama (II F1): Während der Sanierung des Pergamonmuseums wird in einem temporären Ausstellungsgebäude am Kupfergraben neben ausgewählten originalen Skulpturen aus dem antiken Pergamon ein 360°-Panorama der Stadt des 2. Jh.s n. Chr. präsentiert. Es stammt von dem Künstler Yadegar Asisi.

Sammlung Industrielle Gestaltung: s. S. 124.

Sammlung Scharf-Gerstenberg: s. S. 153.

Schloss Friedrichsfelde / Stadtmuseum: s. S. 132.

Skulpturensammlung: s. Bode-Museum, S. 64.

Stadtgeschichtliches Museum Spandau: s. S. 165.

Stadtmuseum Berlin: s. Ephraim-Palais, S. 110, Knoblauchhaus, S. 109, Märkisches Museum, S. 106, Nikolaikirche, S. 107, Museumsdorf Düppel, S. 186, Schloss Friedrichsfelde, S. 132.

Topographie des Terrors: s. S. 102.

Vorderasiatisches Museum: s. Pergamonmuseum, S. 62.

Werkbundarchiv / Museum der Dinge (II 2): Das Museum widmet sich dem Design und der Alltagskultur des 20. und 21. Jh.s, insbesondere den Objekten und Dokumenten des 1907 von Künstlern, Architekten, Industriellen und Kulturpolitikern gegründeten Deutschen Werkbundes, einer Reformbewegung, die sich für eine modern-sachliche und funktionsgerechte Gestaltung von industriell gefertigten Massenprodukten des Alltags und für eine humane Gestaltung des Lebensraums einsetzte. Neben den Erzeugnissen von Werkbundkünstlern wie Peter Behrens, Theodor Fischer, Josef Hoffmann, Josef Maria Olbrich und Richard Riemerschmid wird auch die Bedeutung der Werkbundidee für die heutige Produktkultur thematisiert.

Zille-Museum (II G2): Anhand von Zeichnungen, Lithographien, Briefen und illustrierten Büchern zeigt das Museum im Nikolaiviertel das Schaffen von Heinrich Zille, einem der populärsten Künstler Berlins, der das Leben in den Arbeitervierteln der Kaiserzeit darstellt.

Weitere Informationen zu Berliner Museen finden sich unter: www.museumsportal-berlin.de und www.berlin.de/museum

Anhang

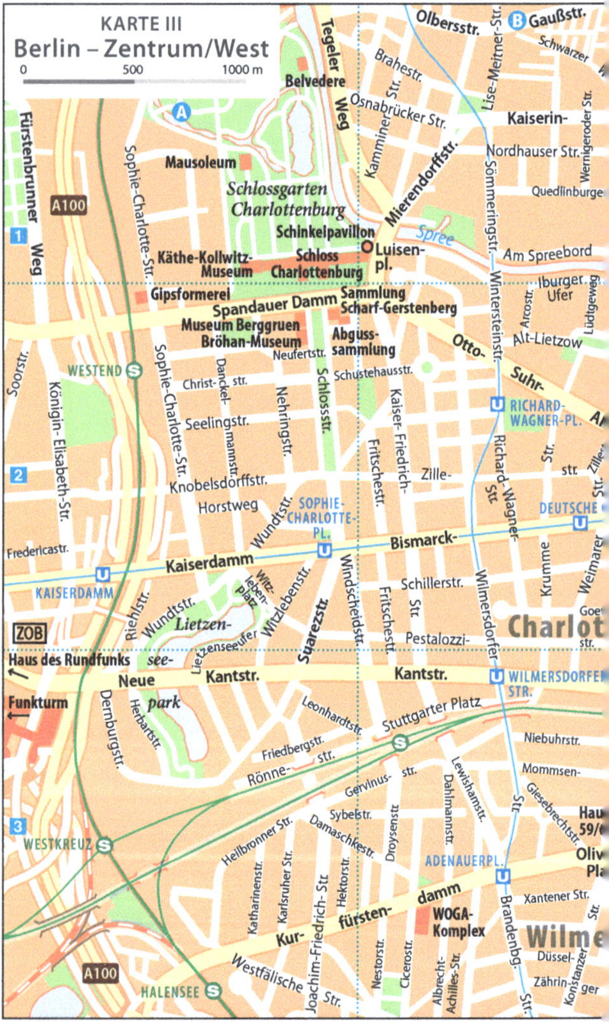

KARTE III
Berlin – Zentrum/West
0
500
1000 m
Belvedere
Tegeler Weg
Olbersstr.
Gaußstr.
Schwarzer
Brahestr.
Osnabrücker Str.
Kamminer Str.
Lise-Meitner-Str.
Kaiserin-
Wernigeroder Str.
Nordhauser Str.
Quedlinburger
Mierendorffstr.
Mausoleum
Schlossgarten Charlottenburg
Schinkelpavillon
Spree
Luisen-pl.
Am Spreebord
Fürstenbrunner Weg
A100
Sophie-Charlotte-Str.
Käthe-Kollwitz-Museum
Schloss Charlottenburg
Gipsformerei
Spandauer Damm
Sammlung Scharf-Gerstenberg
Museum Berggruen
Bröhan-Museum
Abguss-sammlung
Neufertstr.
Schustehausstr.
Sömmeringstr.
Wintersteinstr.
Arcostr.
Iburger Ufer
Lüdtgeweg
Alt-Lietzow
Otto-Suhr-
WESTEND
Soorstr.
Königin-Elisabeth-Str.
Christ-str.
Danckelmannstr.
Nehringstr.
Schlossstr.
Kaiser-Friedrich-
RICHARD-WAGNER-PL.
Seelingstr.
Fritschestr.
Zille-str.
Richard-Wagner-Str.
Knobelsdorffstr.
Horstweg
Wundtstr.
SOPHIE-CHARLOTTE-PL.
DEUTSCHE
Fredericastr.
Kaiserdamm
Bismarck-
Krumme Str.
Weimarer
KAISERDAMM
Witzlebenplatz
Witzlebenstr.
Windscheidstr.
Schillerstr.
Wilmersdorfer
Riehlstr.
Wundtstr.
Lietzensee
Lietzenseeufer
Suarezstr.
Pestalozzi-str.
Charlot
Goe
ZOB
Haus des Rundfunks
Neue
Kantstr.
Kantstr.
WILMERSDORFER STR.
Funkturm
Dernburgstr.
Herbartstr.
park
Leonhardtstr.
Stuttgarter Platz
Niebuhrstr.
Friedbergstr.
Rönne-str.
Mommsen-
Gervinus-str.
Lewishamstr.
Dahlmannstr.
Giesebrechtstr.
Sybelstr.
Damaschkestr.
Droysenstr.
WESTKREUZ
Heilbronner Str.
ADENAUERPL.
Katharinenstr.
Karlsruher Str.
Joachim-Friedrich-Str.
Hektorstr.
Kur-fürsten-damm
WOGA-Komplex
Brandenbg.-Str.
Xantener Str.
Wilme
Düssel-
Konstanzer Str.
Zähringer
Westfälische Str.
Nestorstr.
Cicerostr.
Albrecht-Achilles-Str.
HALENSEE

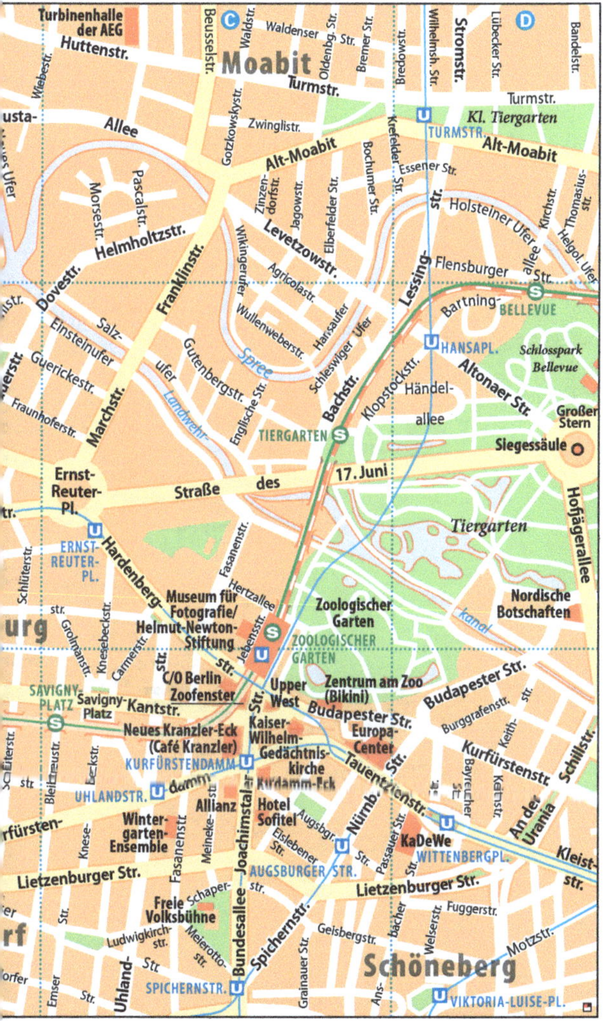
C
D
Turbinenhalle der AEG
Huttenstr.
Moabit
Beusselstr.
Waldstr.
Waldenser Str.
Oldenbg. Str.
Bremer Str.
Bredowstr.
Wilhelmsh. Str.
Stromstr.
Lübecker Str.
Bandelstr.
Turmstr.
Turmstr.
Wiebestr.
Allee
Zwinglistr.
Gotzkowskystr.
Krefelder Str.
Kl. Tiergarten
TURMSTR.
Alt-Moabit
Alt-Moabit
Bochumer Str.
Essener Str.
Zinzendorfstr.
Jagowstr.
Elberfelder Str.
Holsteiner Ufer
Kirchstr.
Thomasiusstr.
Morsestr.
Pascalstr.
Helmholtzstr.
Levetzowstr.
Wikingerufer
Agricolastr.
Lessingstr.
Flensburger Str.
allee
Helgol. Ufer
Dovestr.
Franklinstr.
Wullenweberstr.
Hansaufer
Bartning-
BELLEVUE
Schlosspark Bellevue
HANSAPL.
Altonaer Str.
Einsteinufer
Salzufer
Gutenbergstr.
Spree
Schleswiger Ufer
Klopstockstr.
Händelallee
Guerickestr.
Landwehr-
Englische Str.
Bachstr.
Großer Stern
Fraunhoferstr.
Marchstr.
TIERGARTEN
Siegessäule
Ernst-Reuter-Pl.
Straße des 17. Juni
Hofjägerallee
Tiergarten
ERNST-REUTER-PL.
Schlüterstr.
Hardenberg-str.
Fasanenstr.
Hertzallee
Museum für Fotografie/ Helmut-Newton-Stiftung
Zoologischer Garten
Nordische Botschaften
kanal
Grolmanstr.
Knesebeckstr.
Carmerstr.
Jebensstr.
ZOOLOGISCHER GARTEN
C/O Berlin Zoofenster
Upper West
Zentrum am Zoo (Bikini)
Budapester Str.
SAVIGNY-PLATZ
Savigny-Platz
Kantstr.
Budapester Str.
Burggrafenstr.
Neues Kranzler-Eck (Café Kranzler)
Kaiser-Wilhelm-Gedächtnis-kirche
Europa-Center
Keithstr.
Kurfürstenstr.
Schillstr.
KURFÜRSTENDAMM
Tauentzienstr.
Bleibtreustr.
Bayreuther Str.
Keithstr.
UHLANDSTR.
damm
Kudamm-Eck
Allianz
Hotel Sofitel
Augsbgr.
Nürnb. Str.
An der Urania
Winter-garten-Ensemble
Meinekestr.
Joachimstaler
Eislebener Str.
Passauer Str.
KaDeWe
WITTENBERGPL.
Kleiststr.
Knesestr.
Fasanenstr.
AUGSBURGER STR.
Lietzenburger Str.
Lietzenburger Str.
Freie Volksbühne
Schaperstr.
Fuggerstr.
Ludwigkirchstr.
Meierottostr.
Bundesallee
Spichernstr.
Geisbergstr.
Ansbacher Str.
Welserstr.
Motzstr.
Schöneberg
Uhlandstr.
Emser Str.
SPICHERNSTR.
Grainauer Str.
VIKTORIA-LUISE-PL.

Berlin – Übersicht
0
5
10 km
HOHEN NEUENFELDE
96a
96
A111
HENNINGSDORF
Glienicke
ehem. Berliner Mauer
Schönwalde
Schloss Tegel
Havel
Tegeler See
Reinickendorf
Weiße Stadt
FALKENSEE
Gallgow-Döberitz
Hohenzollernkanal
Gedenkstätte Plötzensee
Gedenkstätte Berliner Mauer
Spandau
KARTE S. 164
Siemensstadt
Spree
KARTE III
5
Olympiagelände
Villen des Neuen Bauens
Georg-Kolbe-Museum
2
Corbusier-Haus
Charlottenburg-
Wilmersdorf
KARTE
Kirche am Hohenzollernplatz
Jagdschloss Grunewald
A100
Brücke-Museum
Museum Europäischer Kulturen
A115
Steglitz-Zehlendorf
E51
Haus Wiegand
Alliierten-museum
Onkel Toms Hütte
Neufahrland
Wannsee
Havel
Haus der Wannseekonferenz
Pfaueninsel
Lieber-mann-Villa
Nikolskoe
Haus Freudenberg
Museumsdorf Düppel
Strandbad Wannsee
1
Schloss Glienicke
Klein-machnow
TELTOW
POTSDAM
Stahnsdorf
Templiner See
101
Großbeeren

BERNAU
Panketal
Schwanedeck
Werneuchen
Blumberg
Ahrensfelde
Altlandsberg
Jüdischer Friedhof Weißensee
Gedenkstätte Berlin-Hohenschönhausen
Fredersdorf
Neuenhagen
Lichtenberg
Karl-Marx-Allee
Marzahn-Hellersdorf
Hoppegarten
East-Side-Gallery
Oberbaumbrücke
Schloss Friedrichsfelde
Friedrichshain-Kreuzberg
Vogelsdorf
Sowjetisches Ehrenmal
Schöneiche
Spree
Woltersdorf
Britz
Schloss Köpenick
Gr. Müggelsee
Neukölln
Teltowkanal
Treptow-Köpenick
ERKNER
Langer See
ehem. Berliner Mauer
Seddinsee
Gosen-Neu Zittau
Schönefeld
Schulzendorf
Zeuthener See
Krossinsee
Berlin Brandenburg
Zeuthen
A11
E 28
A10
E 55
A114
A117
A113
109
158
2
1
5
96a
96
179

Nachweis der Karten und Abbildungen

Achim Bednorz: S. 134
akg-images: S. 67, 98
bpk / Stiftung Preußischer Kulturbesitz / ART+COM: S. 53
Brücke-Museum / CC-BY-SA 4.0: S. 179
BStU: S. 35 (MfS, HA I, Fo, Nr. 365, Bild 34)
Iain Masterton / Alamy Stock Photo: S. 56
IMAGO/epd: S. 142
IMAGO / Jürgen Ritter: S. 97
Klaus Kühner, HüttenWerke: S. 28–32, 164, 190–193 und in den Umschlagklappen
mauritius images / imageBROKER / Thomas Robbin: S. 120
mauritius images / Peter Horree / Alamy: S. 42
Stiftung Preußische Schlösser und Gärten Berlin-Brandenburg: S. 156 (Grundriss Schloss Charlottenburg), 175 (Berlin, Schlossgarten Glienicke, Casino, Blick vom Garten / Foto: Achim Bednorz) (Die Stiftung Preußische Schlösser und Gärten [www.spsg.de] bietet Informationen über die Schlösser und Gärten Berlins sowie über Tickets, Kombitickets und Ermäßigungen für deren Besichtigung; Führungen können gebucht werden per E-Mail an gruppenservice@spsg.de oder per Telefon: 0331 96 94-222, Tickets auch per E-Mail an shop@spsg.de. Für die Bibliothek, die Fotothek sowie diverse Archive siehe den Forschungsbereich auf der Homepage: www.spsg.de/forschung-sammlungen/bibliothek-fotothek-archive/)
© Thomas Wolf, www.foto-tw.de / CC-BY-SA 3.0 DE: S. 151
Wikimedia Commons: S. 24 (Milla & Partner / CC-BY-SA 3.0), 59, 61, 101 (Stefan-Xp / CC-BY-SA 3.0), 108 (Cdwberlin / CC-BY-SA 4.0), 113 (Ansgar Koreng / CC-BY 3.0 DE), 130, 139 (Sebastian Trommer / CC-BY-SA 3.0)

Weiterführende Informationen

Literaturhinweise

Badstübner-Gröger, Sibylle [u. a.]: Berlin (Dehio, Handbuch der deutschen Kunstdenkmäler). München 2006.

Barth, Matthias: Berlin der Kaiserzeit. Architektur 1871 bis 1918. Petersberg 2018.

Berning, Maria: Berliner Wohnquartiere. Ein Führer durch 70 Siedlungen. Berlin 2003.

Börsch-Supan, Eva [u. a.]: Kunstführer Berlin. 4. Aufl. Stuttgart 1991.

Brendgens, Guido / König, Norbert: Berlin Architektur. Architekturführer. Berlin 2003.

Buddensieg, Tilmann: Berlin 1900–1933. Architecture and Design. New York 1987.

Buttler, Adrian von [u. a.] (Hrsg.): Baukunst der Nachkriegsmoderne. Architekturführer Berlin 1949–1979. Berlin 2013.

Cramer, Johannes [u. a.] (Hrsg.): Karl Friedrich Schinkel. Führer zu seinen Bauten. Bd. 1: Berlin und Potsdam. München/Berlin 2006

Demps, Laurenz: Der schönste Platz Berlins. Der Gendarmenmarkt in Geschichte und Gegenwart. Berlin 2001.

Donath, Matthias: Architektur in Berlin 1933–1945. Ein Stadtführer. Berlin 2004.

Dubrau, Dorothee (Hrsg.): Architekturführer Berlin-Mitte. 2 Bde. Berlin 2009.

Eisenlöffel, Lars: Der Berliner Dom. Berlin/München 2013.

Engels, Hans [u. a.]: DDR Architektur. München / London / New York 2019.

Englert, Kerstin / Tietz, Jürgen (Hrsg.): Botschaften in Berlin. Berlin 2003.

Haspel, Jörg / Jaeggi, Annemarie (Hrsg.): Siedlungen der Berliner Moderne. Unesco Welterbe. Berlin/München 2012.

Haubrich, Rainer: Das Berliner Schloss. Berlin 2020.

– Karl Friedrich Schinkel. Seine Bauten in Berlin und Potsdam. Berlin 2013.

– Berlin. Glanz und Elend eines Stadtbildes. Kleine Architekturgeschichte der deutschen Hauptstadt. Berlin 2015.
– [u. a.]: Berlin. Der Architekturführer. Berlin 2001.
Hinterkeuser, Guido [u. a.]: Schloss Charlottenburg, Amtlicher Führer. 9. Aufl. Potsdam 2002.
– Das Schloss in Berlin. Regensburg 2014.
Huse, Norbert: Neues Bauen 1918–1933. Moderne Architektur in der Weimarer Republik. Berlin 1985.
Hüter, Karl-Heinz: Architektur in Berlin 1900–1933. Stuttgart 1988.
Imhof, Michael: Berlin Architektur 2000. Führer zu den Bauten von 1989–2001. Petersberg 2001.
Kessler, Hans-Ulrich: Schlüter in Berlin. Stadtführer. München 2014.
– (Hrsg.): Andreas Schlüter und das barocke Erbe in Berlin. Ausstellungskatalog. München 2014.
Kieling, Uwe: Das Nikolaiviertel. Spuren der Geschichte im ältesten Berlin. Berlin 2001.
Mertens, Melanie: Berliner Barockpaläste. Die Entstehung eines Bautyps in der Zeit der ersten preußischen Könige. Berlin 2003.
Metzger, Rainer: Berlin. Die Zwanziger Jahre. Kunst und Kultur 1918–1933. Wien 2006.
Nowel, Ingrid: Berlin. Wege zu Kunst und Kultur. Geschichte und Architektur in den Stadtlandschaften der deutschen Hauptstadt. 7. Aufl. Ostfildern 2011.
Schendel, Dominik: Architekturführer Berlin. Zwölf Touren durch die deutsche Hauptstadt. Berlin 2016.
Spies, Paul [u. a.] (Hrsg.): Schloss. Stadt. Berlin. Die Residenz rückt in die Mitte. Ausstellungskatalog. Berlin 2016.
Streidt, Gert / Feierabend, Peter (Hrsg.): Preußen. Kunst und Architektur. Köln 1999.
Wefing, Heinrich (Hrsg.): »Dem Deutschen Volke«. Der Bundestag im Berliner Reichstagsgebäude. Bonn 1999.
Wolter, Bernhard (Hrsg.): Das Humboldt Forum im Berliner Schloss. München / London / New York 2020.
Wörner, Martin [u. a.]: Architekturführer Berlin. 7. Aufl. Berlin 2013.

Register

Zur Autorin

ELISABETH WÜNSCHE-WERDEHAUSEN studierte Kunstgeschichte, Archäologie und Städtebau in Bonn, Wien, Mailand und Rom. Nach der Promotion war sie Stipendiatin und wissenschaftliche Mitarbeiterin an der Bibliotheca Hertziana in Rom (Max-Planck-Institut für Kunstgeschichte), anschließend am Kunsthistorischen Institut der Ludwig-Maximilians-Universität in München. Zu den Schwerpunkten ihrer zahlreichen Veröffentlichungen gehören die Architektur der Renaissance und des Barock in Norditalien, das Mäzenatentum von Fürsten und Fürstinnen im 17. und 18. Jh. sowie die Kunstbeziehungen zwischen Bayern und Italien. Bei Reclam erschienen von ihr die Städteführer *Bamberg/Bayreuth* (Universal-Bibliothek Nr. 14023), *München* (Universal-Bibliothek Nr. 19394), *Nürnberg* (Universal-Bibliothek Nr. 14199), *Toskana* (Universal-Bibliothek Nr. 19463) und *Venedig* (Universal-Bibliothek Nr. 19246). Sie lebt heute als freie Sachbuchautorin und -übersetzerin sowie wissenschaftliche Reiseleiterin in München.